小学校英語サポートBOOKS

導入・展開でクラスが熱中する！

小学校英語の授業パーツ100

瀧沢広人 著

明治図書

はじめに

　昨年（2018年），『Small Talk で英語表現が身につく！小学生のためのすらすら英会話』（明治図書）を出版しました。この「すらすら英会話」はいわば，小学生に身に付けさせたい"ゴール"を示したものです。児童が学習を積んだ後に，このような Small Talk（対話）ができるようになっていてほしいと願う「基本表現集」になります。

　本書では，そのゴールに向かっての基本表現の「楽しい導入・展開の活動（授業パーツ）」をご紹介します。短時間で基本表現をどのように導入し，どのような活動へと展開させていくのか，コンパクトかつより多くのアイデアを収録してご紹介しています。

　基本的に，Small Talk を取り入れた授業では，❶～❸ような学習過程が考えられます。

　Small Talk は，既習表現の定着と対話の継続を学ぶことを目的とし，理想は5年生で1分間，6年生で2分間の児童同士による対話ができることを目標とします。その Small Talk の部分が，拙著『Small Talk で英語表現が身につく！小学生のためのすらすら英会話』で示してあるところとなります。

　本書は，それら Small Talk に向かうための導入（❶）と展開（❷・❸）の部分を扱います。

学習過程 ❶ 基本表現の導入

　ここでは，児童に目標言語への理解を促すことがねらいとなります。今日はどんな言語に触れるのか，どんなことを学ぶのかを理解させるところまでが「導入」となります。そのために，児童全員が興味を引くような「ネタ」が必要になります。どんなネタを持ってくるかで，児童の興味関心は大きく変わります。ある小学校では，シルエットクイズで「色」の導入で，児童を引きつけていました。

　最初に「大根」のシルエットを見せ，児童に What's this? と聞きます。元気のある児童たちは，「大根！」「ニンジン！」等と言ってきます。先生は，「Japanese radish!」と英語で言ってきた児童の発言を聞き取り，「Yes! Japanese radish. What color?」と聞きます。児童は「White!」と元気よく言います。そこで先生は，「Let's look!」と言って大根の写真を提示します。そこに映されたのはなんと「紫色の大根」でした。児童は大変驚きます。次に，トマトのシルエットを見せます。その後の展開は想像できるでしょう。赤，黄，緑，紫のトマトの写真が出てきます。

　この導入には，「意外性」があります。意外性は授業を楽しくさせます。また，導入と次に行う活動があまりにも離れていると，何のための導入かわかりませんので，できるだけ，次の活動につながる導入ネタがベストと言えるでしょう。

学習過程 ❷ 基本表現の練習

　ここでは，目標言語を使って，口頭による練習を促し，口慣れをする段階となります。基本表現を繰り返して言うインタビュー活動やゲーム，擬似的な話題を用いてのコミュニケーション活動，教師の後について繰り返すリピートなどが入ります。文科省教材の『Let's Try!』や『We Can!』における Let's play に当たる部分です。ここでのねらいは，**英語の音声を繰り返し聞いたり言ったりして，語彙や表現に慣れ親しむ**ことになります。

学習過程 ❸ 基本表現の活用

　ここでは，意味ある言語活動を目指し，より現実のコミュニケーションに近い形での言語使用を促します。よって，この活動では，「相手意識」を持たせ，「コミュニケーションを行う目的，場面，状況」を設定する視点が必要です。例えば，「好き・嫌い」を尋ねるインタビュー活動では，「自分との共通点を探そう」とし，コミュニケーションを行う目的を明らかにします。ただ何気なくインタビュー活動をさせるのではなく，その目的や場面，状況を設定した中で行う言語活動が，ここの部分になります。ねらいは，**単元において慣れ親しんだ表現等を用いて，実際に自分の気持ちや考えなどを伝え合うこと**になります。

　言語習得は，次のプロセスを踏むと言われています。インプットした目標言語に気づき，その意味を理解するところまでが導入ですので，練習・活用のパーツが，「内在化」にあたると考えます。

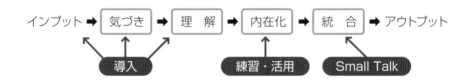

　その後，「統合」という段階は，既習事項を繰り返し用いて，自己表現する場面と考え，小学校でいうところの Small Talk が児童の言語習得の統合化を図っていると考えます。

　まだまだ小学校英語は発展途上にあります。やらなくてはいけないことは山積みです。でも，先生方一人一人の力が結集すれば，その悩みもすぐに解消に向かいます。先生の御実践やアイデアを，どうかセミナーや学会等で御紹介下さい。そして過渡期の英語教育，共に楽しく頑張りましょう。

2019年2月

瀧沢広人（takizawa@chichibu.ne.jp）

CONTENTS

はじめに ·· 2

Chapter 1 子供の心をギュッとつかむ！導入で使える授業パーツ

3年

① こんにちは。ぼくはヒロです。··· 10
② 元気？ How are you? ··· 12
③ 体調や感情を表す表現 ··· 14
④ いくつ？ How many? ··· 16
⑤ I like…. 私が好きなのは… ·· 18
⑥ I don't like…. ·· 20
⑦ 好きですか？ Do you like…? ······································· 22
⑧ What… do you like? ··· 24
⑨ 私はH.K！ 私はだ～れ？ ··· 26
⑩ What do you want? ·· 28
⑪ これな～に？ What's this? ·· 30
⑫ この人だ～れ？ Who is this? ······································· 32

4年

⑬ おはよう！ Good morning. ··· 34
⑭ 天気はどう？ ·· 36
⑮ Let's play dodgeball. ··· 38
⑯ What day is it? 何曜日？ ·· 40
⑰ 掘った芋いじるな？ What time is it? ························· 42
⑱ What time do you like? ··· 44

5

- ⑲ 〜を持っていますか？ ……………… 46
- ⑳ What do you want? ……………… 48
- ㉑ What's your favorite fruit? ……………… 50
- ㉒ ケリーを見つけよう！ ……………… 52
- ㉓ What's your favorite place? ……………… 54
- ㉔ 私の一日 ……………… 56

5年

- ㉕ How do you spell your name? ……………… 58
- ㉖ 自己紹介をしてみよう！ ……………… 60
- ㉗ 誕生日は何月？ ……………… 62
- ㉘ When is this event? ……………… 64
- ㉙ 今日は何日？ ―序数（first, second...）の導入 ……………… 66
- ㉚ あなたの誕生日はいつ？ ……………… 68
- ㉛ 何才ですか？ ……………… 70
- ㉜ 今日は何の教科がある？ ……………… 72
- ㉝ 何時に起きるの？ ……………… 74
- ㉞ ○○は，〜ができるよ！ ……………… 76
- ㉟ Where do you want to go? ……………… 78
- ㊱ Hot Cold ゲームから道案内へ ……………… 80
- ㊲ What would you like? ……………… 82
- ㊳ ○○が得意です！ ……………… 84

6年

- ㊴ 自己紹介しよう ……………… 86
- ㊵ 地域・日本を紹介！ ……………… 88
- ㊶ 食べ物と味 ……………… 90
- ㊷ 私の町を紹介します！ ……………… 92

㊸ 夏休みの過ごし方 ……… 94
㊹ 何が見たい? ……… 96
㊺ My Best Memory ……… 98
㊻ 将来の夢は? ……… 100
㊼ 中学校での夢を語ろう! ……… 102

Chapter 2 楽しく理解が深まる! 子供が熱中する展開の授業パーツ

3年

㊽ クラスのみんなと挨拶をしよう! ……… 104
㊾ How are you?—I'm fine. ……… 106
㊿ 体調や感情を表す表現 ……… 108
(51) 同じ数, 持っている友達を探そう ……… 110
(52) 私の好きなもの! ……… 112
(53) みんなの好き嫌いはな~に? ……… 114
(54) 何回質問したら, 当たるかな? ……… 116
(55) どんな○○が好きですか? ……… 118
(56) Hi. I'm H.K. ……… 120
(57) 英語ゲーム「何が欲しい?」 ……… 122
(58) これな~に? What's this? ……… 124
(59) この人だ~れ? Who is this? ……… 126

4年

(60) 好きなもの 好きじゃないもの ……… 128
(61) 天気はどう? 何して遊ぶ? ……… 130
(62) 何曜日が好きなのかな? ……… 132

- ㊻ 何時に起きるの? ……………………………… 134
- ㊿ 児童熱中! 動物ゲーム! ……………………… 136
- ㉖ What do you want? ……………………………… 138
- ㊻ あなたのお気に入りは? ………………………… 140
- ㊼ 学校案内 …………………………………………… 142
- ㊽ 私の一日 …………………………………………… 144

5年

- ㊹ How do you spell your name? ………………… 146
- ㊿ 自己紹介に慣れ親しもう! ……………………… 148
- ㊼ 誕生日はいつ? …………………………………… 150
- ㊽ 世界の色々な行事 ………………………………… 152
- ㊾ あなたの特別な日はいつ? ……………………… 154
- ㊿ あなたは何才ですか? …………………………… 156
- ㊻ これがあなたの理想の時間割だ!! ……………… 158
- ㊼ これが私の一日 …………………………………… 160
- ㊽ ○○は,〜ができるよ! ………………………… 162
- ㊾ Where do you want to go? …………………… 164
- ㊿ 道案内をしてみよう ……………………………… 166
- ㊻ What would you like? ………………………… 168
- ㊼ ○○が得意です! ………………………………… 170

6年

- ㊽ 自己紹介しよう …………………………………… 172
- ㊾ 地域・日本を紹介! ……………………………… 174
- ㊿ 食べ物クイズを作ろう …………………………… 176
- ㊻ 私の町を紹介します! …………………………… 178
- ㊼ My Summer Vacation ………………………… 180

(87) 何をするか決めましょう！ 182
(88) My Best Memory 184
(89) 将来の夢は？ 186
(90) 中学校での夢を語ろう！ 188

Chapter 3 文字指導が楽しくできる！ アルファベット導入の活動パーツ

(91) アルファベット大文字の導入 190
(92) アルファベット小文字の導入 192
(93) アルファベット小文字の成り立ち 194
(94) アルファベット大文字の成り立ち 196
(95) アルファベットカルタ 198
(96) アルファベット大文字・小文字ビンゴ 200
(97) アルファベット神経衰弱 204
(98) Who am I? スペリングクイズ 206
(99) 大文字の仲間分け 208
(100) 小文字の仲間分け 210

Chapter 1 子供の心をギュッとつかむ！導入で使える授業パーツ

① こんにちは。ぼくはヒロです。

> **3年**
> **LT1 Unit 1**
> **基本表現** Hello. / Hi. / I'm Hiro. / I'm from Tokyo.
> **目標** 挨拶表現と名前，出身地の言い方がわかる。
> **時間** 4分　**準備物** パペット

活動の概要

　愛用のパペットを1つ用意しましょう。いずれはそのパペットを使って，Where is Kelly?（ケリーはどこ？）／It's on the TV.（テレビの上にいるよ）と使える場面が来るでしょう。

活動の手順

1 パペットで基本表現を導入する。（2分）
　パペットに話しかけるような形で1人2役，目標言語を導入します。

Small Talk

教師：	Hello. I'm Maki. What's your name?
パペット：	I'm Kelly.
教師：	A cute name! Nice to meet you.
パペット：	Nice to meet you too.（握手する）
教師：	Are you from America?
パペット：	No. I'm from Canada. How about you, Maki-sensei?
教師：	Me? I'm from Saitama, Japan. Oh, it's time to go. See you.
パペット：	Bye!

2 目標言語に気づかせる。（2分）

Small Talk が終わったら，簡単にどのような会話だったか確認します。

教師：この子（パペットを指して）の名前は何だっけ？
児童：ケリー。
教師：そうだね。ケリーがカナダとか言っていたけど，カナダが何？
児童：カナダから来たって言っているんだよ。
教師：カナダの出身って，英語で何って言ってたかな？
児童：I'm.... I'm from....
教師：I'm from... Canada.って，言っていたね。ところで，先生の出身は？
児童：埼玉。
教師：Good! 今日のめあては…「英語で自分の名前と出身地を言ってみよう」です。

挨拶表現には，Good morning. Good afternoon. Good evening. と言うように時間で使われる表現もあれば，1日中使える便利な Hello. や Hi. の表現があります。小学校3年生には，まず汎用性のある Hello. や Hi. から導入して，児童が慣れ親しんだ後に，時間によって区別する Good morning. 等を導入していくとよいでしょう。

Tips! まとまりのある英文を聞いた後にどうする？

Small Talk 等で英文を聞かせた後には，このように教師から問いかけ，聞き取れた内容を確認していく方法や，児童に「どんな英語が聞こえてきましたか？」と直接的に尋ね，聞き取れた表現等を聞き出す方法があります。Let's Listen! や Let's watch & think!，歌の指導などでも，「どんな英語が聞こえてきましたか」は，1つの理解確認の対応技術となります。

Chapter 1　子供の心をギュッとつかむ！導入で使える授業パーツ

②元気？　How are you?

3年 LT1 Unit 2 ①	基本表現	How are you? / I'm fine.
	目標	日常的な挨拶の仕方を知る。
	時間	7分　準備物　パペット，シナリオ

活動の概要

　パペットを用い，目標言語（How are you? / I'm fine.）を導入します。その後，パペットが児童に話しかけていきます。

活動の手順

1 パペットで基本表現を導入する。（2分）

　パペットに話しかけます。先生の名前もパペットの名前も児童は知っているので，いきなり挨拶＋名前から始めます。もちろん，声優並みに声を変えてやりましょう。

Small Talk

パペット	：Hello, Maki-sensei.
教師	：Hello, Kelly. ケリー元気だったかな？（とつぶやく） 　How are you, Kelly?
パペット	：I'm fine thank you. How are you?
教師	：すごく元気！　I'm great. 　Oh, time to go! See you.
パペット	：Bye!

2 パペットが児童に話しかける。（5分）

Small Talk からの流れで、児童に話題をふってみましょう。

パペット：（ケンジ君の方に近づいていって）Hello, Kenji.
けんじ：Hello, Kelly.
パペット：How are you?
けんじ：I'm... fine... thank you....
教師：ケリーにも聞いてあげよう。How are you?（小さな声で）
けんじ：How are you?
パペット：I'm great, thank you!（嬉しそうに）Bye!
けんじ：Bye!
パペット：Hi, Miyuki. How are you?
（以下略）

fine

great

good

happy

Tips! 授業のリズム・テンポを大切に！

パペットが児童に話しかけます。その時、最初に当てる児童は、とっさに話しかけても答えられそうな人に声をかけるようにします。その後、順番に1人ずつやっていくと、だんだんとクラス全体が言えるようになってきます。語りかけながら、「元気」な絵や、「すごく元気」な絵など、使用語彙を表すイラストを黒板に貼っていくとよい視覚情報になります。

Chapter 1　子供の心をギュッとつかむ！導入で使える授業パーツ

③ 体調や感情を表す表現

> **3年**　**基本表現** I'm sad. / I'm hungry. / I'm tired. / I'm sleepy.
> LT1 Unit 2　**目　標** 感情や体調の表し方について知る。
> ②　**時　間** 7分　**準備物** パペット，シナリオ，スライド

活動の概要

　パペットが何やら元気なさそうにしています。そこで，How are you?（体調はどうですか）と尋ねると，I'm sad.（悲しいです）と返ってきます。何やら原因は，パペットの友達の様子のようです。
　今回はスクリーンに色々な動物を登場させ，様子を表す英語を楽しく導入していきましょう。

活動の手順

1 パペットで基本表現を導入する。（2分）
　今回は，パペットとパワーポイントを併用して，立体的な導入にします。

Small Talk 1

> 教師：あれ～～？　ケリーどうしたのかな？
> 　　　Hi, Kelly. How are you?
> パペット：I'm sad. え～～ん，え～～～ん。（と泣く）
> 教師：Sad?
> パペット：Yes. This is my friend, Doggie.
> 　　　（と言って，マスクをしている犬の絵をスクリーンに出す）
> 　　　He is sick. I'm sad.
> 教師：Oh, that's for sorry.

2 対話の振り返りと場面の継続。（5分）

教師：ケリーの様子は何だって？
児童：悲しい。
教師：何でかな？
児童：友達の犬が具合悪いから。／病気で寝ているから。

およそ場面がわかったところで，語彙を変えて第2弾を行います。

Small Talk 2

> **教師**：あれ〜〜？　ケリーどうしたのかな？
> 　　　　　Hi, Kelly. How are you?
> **パペット**：I'm <u>sad</u>. え〜〜ん，え〜〜ん。（と泣く）
> **教師**：Sad?
> **パペット**：Yes. This is my friend, Pochi.
> 　　　　　（と言って，口からよだれをたらしている犬の絵をスクリーンに出す）
> 　　　　　She is <u>hungry</u>.　I'm sad.
> **教師**：Oh, that's for sorry.

学校の先生にも協力してもらって，途中から，先生の写真（眠そうな顔や怒っている顔など）を登場させると一気に教室は盛り上がるでしょう。

Tips! 動物の色々な表情を検索しよう！

インターネットの画像検索で，「犬　マスク　風邪」のように入れると，マスクをした犬の写真が出てきます。導入でも使えますが，導入後の活動でも，「眠そうにしている猫」や「excitingな犬」等，写真からどのような様子であるか，児童に問うのもよいでしょう。

④ いくつ？　How many?

3年 LT1 Unit 3	**基本表現** How many apples? / Ten apples. **目　標** 数を尋ねたり，答えたりする表現について理解する。 **時　間** 10分　　**準備物** スライド	

活動の概要

　How many の導入は比較的簡単で，猫の絵を複数個，スクリーンに映し出し，How many cats? と尋ねるだけで，児童は数え始めます。

活動の手順

1 パワーポイントで基本表現を導入する〜猫は何匹いる？〜（5分）

　How many について明示的な指導はせず，場面と状況から意味内容を推測させながら，テンポよく進めていきます。

Small Talk

教師：What's this?
児童：Cat!
教師：Yes. It's a cat. How many cats?
児童：（児童は数を数える）Ten!
教師：Let's count together.One, two, three, four..., ten. Ten cats. Good. Then, what's this?
児童：Dog.
教師：How many dogs?
児童：Seven.
教師：Yes. Seven dogs. Let's count together.

以下，rabbit, elephant, hippo, snake, monkey 等の動物や pen, pencil, ruler 等の文房具で数を尋ねていきます。

2 理解しているか確認する～何本鉛筆を持っている？～（5分）

　Small Talk で，児童と How many? で尋ね合う導入をした後に，本当に How many...? という表現が理解できているかどうか，確認していきます。
　ここでは，児童の身の回りの物を使って，正しく応じられることをもって，理解できていることの確認とします。

　　教師：Do you have a pencil case?
　　児童：Yes!
　　教師：Show me your pencil cases.
　　児童：（教師の方にペンケースを見せる）
　　教師：O.K. How many pencils?
　　　　　　How many pencils?（ゆっくりはっきり言う）
　　児童：（鉛筆を数え始める）Five.
　　教師：How many red pencils?
　　児童：（赤鉛筆を数える）Two.

> **Tips!** 子供って素直でかわいい！
>
> 　ある英語の研修会で聞いた話です。授業で，How many pockets? と聞き，洋服にあるポケットの数を数えさせたそうです。そして，ポケットが一番多かった児童に拍手を送るということをしたら，次の英語の授業では，ある児童は，たくさんポケットのついている服を選んで着てきたと言います。子供ってかわいいですね。

Chapter 1　子供の心をギュッとつかむ！導入で使える授業パーツ

⑤ I like....　私が好きなのは…

3年 **LT1 Unit4** ①	基本表現	I like blue.
	目標	好きなものを相手に伝える表現を知る。
	時間	10分　準備物　バナナや納豆，紙袋（段ボール）

活動の概要

　I like...の導入では，「本当に好きなんだな」と思わせなくては意味理解されません。例えば納豆をたくさん買い込み，レジ袋から1つずつ出しながら，This is *natto*.... This is *natto*.... This is *natto*.... I eat *natto* every morning. とジェスチャーで示し，そのタイミングで，I like *natto*. と言ったら，「教師，本当に納豆が好きなんだな」と理解してもらえるのではないでしょうか。理解してもらえたら，導入は成功です。

活動の手順

1　実物で基本表現を導入する。（5分）
　バナナや納豆が入った紙袋を片手に Small Talk を行います。

Small Talk 1

教師：（バナナを1つ取り出して）This is...a banana.
　　　（もう1つ取り出して）This is...a banana.
　　　（さらに）This is a banana.
　　　I eat a banana every morning.（食べるジェスチャーをする）
　　　I like bananas very much.

Small Talk 2

> **教師**：Wow, good smell.（納豆を1つ取り出して）This is...*natto*.
> （もう1つ取り出して）This is... *natto*.
> （さらに）This is *natto*.
> （もっと取り出して）*Natto*!
> I eat *natto* every morning.（食べるジェスチャーをする）
> I like *natto*!（と表情豊かに言う）

　この他にも，好きな食べ物や物（漫画や音楽），色（同じ色の服や帽子，物など使って）を出していきながら，like の意味理解につなげましょう。

2 理解の確認をする。（5分）

　黒板に食べ物の絵を貼り，What do you like?（何が好き）と尋ねてみましょう。児童が，Curry and rice! と言えたら，意味理解ができていることになります。さらに，I like...で言えれば，十分な理解と言えます。What do you like? は，未習なので，それを回避したい場合は，How about you? が使えます。

　教師：I like steak. How about you?
　児童：I like spaghetti.

> ### Tips! 英語の授業には，ユーモアも必要
>
> 　英語の授業には，ユーモアも必要です。ユーモアは，場の雰囲気を明るくし，発言しやすい雰囲気をつくります。今回の Small Talk の最後に，アイドルの写真を使ったらどうなるでしょうか。
>
> 　**教師**：This is Oshima Yuko.
> 　**児童**：うお〜〜。
> 　**教師**：This is Yuko. This is Yuko. This is Yuko.　I like Oshima Yuko.
> 　最後はガハハで，Small Talk を終わらせたいですね。

Chapter 1　子供の心をギュッとつかむ！導入で使える授業パーツ

⑥ I don't like....

3年 LT1 Unit 4 ②	**基本表現**	I don't like blue.
	目標	自分の好きでないものを相手に伝える表現を知る。
	時間 5分　**準備物**	Who am I クイズの問題，スライド

活動の概要

　don't like の導入は，「ドラえもん」でできます。ドラえもんが好きでない物と言えば，mice（ねずみ：mouse の複数形）です。Who am I クイズのヒントで「I don't like mice.」を嫌そうに言えば，好きじゃないということが，声の調子や表情からきっと理解してもらえるでしょう。

活動の手順

1 Who am I クイズで基本表現を導入する。（3分）

　スクリーンに「？」を示し，Who am I クイズを行います。

Small Talk

> **教師**：Hi, Today's Who am I quiz! If you find the answer, raise your hands.（答えがわかったら，黙って手を挙げてくださいね）
> No.1. Hello. I am an anime character. I am blue.
> （児童の手が挙がる。）もう，わかったの？　黙って手を挙げててね。
> Hint 2. I don't like mice.（と言って，ネズミの絵を見せる）
> Hint 3. I like... *Dorayaki*.
>
> **児童**：（手が挙がる）

タイミングを見て，答え合わせをします。

教師：Now you can find the answer. Say what it is.
児童：Doraemon.
教師：Great.

2 内容を理解できているかを確認する。（2分）

教師：どこからわかった？
児童：青色って言ってた。
教師：ネズミが嫌い。
児童：どら焼きが好き。
教師：「好きじゃない」って，英語で何と言っていたかな？
児童：????
教師：じゃ，クイズ2をやるので，「好きじゃない」ってどんな風に言っていたか，確認してみようね。

と言って，クイズを3～4個提示し，don't like（好きじゃない）の表現を聞いて，慣れ親しませます。

> **Tips!** キャラクタークイズで導入
>
> 授業の流れによっては，クイズをまず，最初にどんどんやっていき，目標言語の確認で，上記の「**2** 内容の確認」を行う場合もあります。
> クイズ2としては，下記のような問題が考えられます。
> **教師**：O.K. Who am I quiz, No. 2. I'm an anime character. I like baseball. I don't like studying.（ジェスチャー）
> **児童**：カツオ！

Chapter 1　子供の心をギュッとつかむ！導入で使える授業パーツ

⑦ 好きですか？　Do you like...?

> **3年**
> **LT1 Unit 4**
> ③
>
> **基本表現** Do you like blue? / Yes, I do. / No, I don't.
> **目標** 好きかどうか尋ねる表現と答え方を理解する。
> **時間** 10分　**準備物** 納豆，バナナ等

活動の概要

　果物や野菜や，スポーツ，漫画など具体物を見せながら，児童に尋ねることで，Do you like...? という表現の意味理解を確認していきましょう。

活動の手順

1 具体物で基本表現を導入する。（5分）

「よいしょっ，と」と，紙袋を教卓の上に置くと，児童から，「また，でたよ～～」「腐っているんじゃない？」と声が聞こえそうです。

Small Talk

教師：	This is *natto*. This is *natto*. I like *natto*. Do you like *natto*?
児童：	Yes.（児童：No.）
教師：	Do you like *natto*, Kenji?
けんじ：	Yes!
教師：	Oh. You like *natto*. How about you? Do you like *natto*, Miyuki?
みゆき：	No. I don't like *natto*.
教師：	Oh, you don't like *natto*. Do you like *natto*, Yutaka?
ゆたか：	Yes. I like *natto*.
教師：	Good boy. You are my best friend!

このように，児童との Small Talk を通して，児童が Yes. No. で返答があれば，Do you like〜? の意味が理解されていると思っていいでしょう。後は，Yes, I do. / No, I don't という答え方の指導となります。

2 答え方を導入する。(5分)

次に，質問された時の答え方を導入します。これは教師に向かって児童に質問させます。ここで，教師が Yes, I do. / No, I don't. と答えることで，答え方を示すことができます。

教師：今度は，みんなが先生に質問しましょう。先生が，Yes. と答えたら，1ポイントです。男子対女子でいきましょう。
男子：Do you like *natto*?
教師：Yes, I do.　男子に1ポイント。
女子：Do you like *sushi*?
教師：Yes, I do.　女子に1ポイント。

再度，児童に Do you like baseball? などと質問を投げかけ，正しく答えられるようになったことが確認できたら，児童同士で尋ね合う「活動」にもっていきます。場合によっては，視覚情報を用い，黒板に，Yes, I do. / No, I don't. と書いておいてもいいでしょう。

> **Tips!** 外発的動機づけを上手に利用しよう！
>
> 　人は元来，内発的動機づけによって動く生き物です。しかしながら，内発的動機づけで動きそうもない時は，外発的な動機づけを＜利用＞します。それが今回の「男子対女子による得点制」です。得点が欲しいという外発的な動機で児童に英語を使わせようとするのです。

Chapter 1　子供の心をギュッとつかむ！導入で使える授業パーツ

⑧ What... do you like?

3年 LT1 Unit 5	**基本表現** What... do you like? **目　標** 何が好きか尋ねる表現がわかる。 **時　間** 10分　**準備物** イラスト（野菜，果物，スポーツ，色など）	

活動の概要

　児童の好き嫌いが分かれるような話題を用意します。例えば，野菜を題材にして，Do you like green peppers?（児童：No.）Do you like celery?（児童：No.）そこで，What vegetables do you like? と尋ねます。果物やスポーツ，漫画など，児童から No, I don't. が出てきそうなネタを考えましょう。

小学生が嫌いな野菜	
第1位	ゴーヤ（bitter melon）
第2位	セロリ（celery）
第3位	茄子（eggplant）
第4位	とうがらし（red pepper）
第5位	ピーマン（green pepper）
第6位	しいたけ（mushroom）
第7位	トマト（tomato）

小学生が嫌いな食べ物	
第1位	焼き魚（grilled fish）
第2位	サラダ（salad）
第3位	刺し身（*sashimi*）
第4位	そば（*soba*）
第5位	目玉焼き（sunny-side up）
第6位	シチュー（stew）
第7位	てんぷら（*tempura*）

＊色々な調査がありますので，あくまでも参考にしてください。

活動の手順

1 イラストで「野菜の語彙」を導入する。（3分）
　野菜の絵を黒板に貼りながら，野菜の言い方を確認していきます。

2 What vegetables do you like? の表現に慣れ親しませる。(7分)
どんな野菜が好きか，児童に尋ねていき，表現に慣れ親しませます。

Small Talk

教師：Do you like celery, Miki?
みき：No, I don't.
教師：Do you like eggplants?
みき：No, I don't.
教師：What vegetables do you like?
みき：I like tomatoes.
教師：Oh, you like tomatoes. O.K. How about you? Do you like tomatoes?
ゆみ：No, I don't.
教師：What vegetables do you like, Yumi?
ゆみ：I like potatoes.
教師：Oh, you like potatoes. Do you like sweet potatoes?
ゆみ：Yes, I do.

途中で話題を果物編，スポーツ編，色編，食べ物編，教科編などでも扱えます。1時間の中ですべてを扱わなくても，数時間計画の Small Talk として帯的に導入してみるのもよいでしょう。

Tips! 教師の英語をたくさん聞かせる

Small Talk では，教師はできるだけ，たくさんの英語を児童に聞かせるようにします。大量のインプットと少量のアウトプットです。たくさん聞かせていくと，だんだんと児童は言いたくなります。そのタイミングを見て，児童に質問してあげるとよいでしょう。

Chapter 1　子供の心をギュッとつかむ！導入で使える授業パーツ

⑨ 私はH.K！　私はだ〜れ？

3年
LT1 Unit 6

基本表現 I'm H.K. / I'm from London. / I'm a cat.
目標 イニシャルを使って，自己紹介をする。
時間 8分　**準備物** Who am I クイズ，スライド（または絵）

活動の概要

　小学校3年生で，アルファベットの大文字を学習します。学習した後ですので，ぜひアルファベットの大文字を使った活動を行いたいです。そこで，イニシャルを用いてWho am I クイズはどうでしょうか。最後には，児童にイニシャルを示した自己紹介（本書120ページ参照）を行わせます。

活動の手順

1 Who am I? クイズで導入する。（5分）

　?の画面をスクリーンに提示し，Who am I クイズを出します。途中でわかっても，答えを言わないように児童には言っておきます。

Small Talk

教師：Who am I Quiz!
　　　Hint 1. I'm H.K. I am a cat. I am a character.
児童：え？　何だ？
教師：Hint 2. I'm white. I'm from London.
児童：あっ！　わかった。
教師：Hint 3. I have a red ribbon on my head.

答えを確認します。

教師：Can you find the answer?
児童：ハローキティ〜〜。
教師：That's right. I'm Hello Kitty. I'm H.K. Great!

と言って，ハローキティの絵を見せます。

2 What's your initial? と尋ねる。（3分）
数問クイズをした後に，

教師：What's your initial? My name is Hiroto Takizawa.
　　　So I'm H.T. What is your initial?

と言いながら，児童のイニシャルを確認していきます。

> **Tips!** イニシャル Who am I クイズ例
> イニシャルを使った Who am I クイズでは，次のようなものが使えます。
> ① Hint 1. I'm N.N. I'm a character. I'm a boy.
> 　 Hint 2. I'm an elementary school student. I like *ayatori*.
> 　 Hint 3. I don't like studying.（野比のび太）
> ② Hint 1. I'm M.M. I'm a girl. I have a boy friend. He is M.M. too.
> 　 Hint 2. I'm from America. I'm a mouse.
> 　 Hint 3. I have a ribbon on my head.（ミニーマウス）
> ③ Hint 1. I'm U.T. I'm a character in an old Japanese story book.
> 　 Hint 2. I'm a young boy. I help a turtle.
> 　 Hint 3. I went to *Ryu-gu-jyo*. I got a present.（浦島太郎）

Chapter 1　子供の心をギュッとつかむ！導入で使える授業パーツ

⑩ What do you want?

> **3年**
> **LT1 Unit 7**
> **基本表現** What do you want? / I want....
> **目標** 欲しいものを尋ねたり，答えたりする表現がわかる。
> **時間** 15分　**準備物** 実物投影機，シール

活動の概要

　What do you want?（何が欲しい）が使われる状況を，教室に sticker（シール）を持ち込み，「どれが欲しい？」（What do you want?）と尋ねれば，コミュニケーションの場面がつくられます。

活動の手順

1 具体物で導入する。（5分）

　カラフルで，色々な形をしたシールを，教室に持ち込み，児童に見せます。

Small Talk 1

教師：	Today, I have something to give you. Look at these. These are stickers. What color is this?（と言って，児童に見せる。）
児童：	Green.
教師：	Good.（と言って，実物投影機に置き，大きく映す）
教師：	（違うシールを見せながら）What color is this?
児童：	Blue.
教師：	Yes. What shape? Shape.（と言って，指で円を描く）Circle.
児童：	Circle.
教師：	ほら，ミステリーサークルって言うでしょ。This is "Circle".

このように，色と形を確認していきます。

2 What do you want? と尋ねる。（10分）

次に，どのシールが欲しいか尋ねていきます。

Small Talk 2

教師：Now, I'll give you stickers. What do you want, Miki?
みき：…緑色のもの。
教師：Oh, you want a green sticker.
みき：Yes....
教師：（小声で）Say, "I want a green sticker".
みき：I want a green sticker.
教師：Good! Here you are.
まこと：えっ？まじ！おれも…。
教師：What do you want, Makoto?
まこと：I... I... wa..nt... an orange star.

このように，コミュニケーションが行われる目的や場面，状況を，「児童がシールを選んで，欲しいシールを教師に伝える」で設定します。そして，言語使用を通じて，目標言語に慣れ親しませます。

Tips! コミュニケーションの目的や場面・状況を

この What do you want? は，誕生日のプレゼント，クリスマスのプレゼントなど，場面を変えて，言語使用が図れる基本表現です。基本表現は，何度も何度も使用場面を変え，繰り返す中で，5・6年の目標である「定着」につながります。レストランのドリンクバーの写真を見せて，What do you want? と尋ねてもいいですね。

Chapter 1　子供の心をギュッとつかむ！導入で使える授業パーツ

⑪ これな〜に？　What's this?

> **3年**
> **LT1 Unit 8**
> **基本表現** What's this? / It's a tiger.
> **目標** そのものが何であるかを尋ねたり，答えたりする。
> **時間** 10分　　**準備物** スライド

活動の概要

　本物そっくりなパロディグッズや，一部を隠して見せ，それが何であるかというクイズ，社会科の地図記号を問う等，What's this? が使われる導入場面は多々考えられるでしょう。

活動の手順

1 アルファベットクイズで導入する。（5分）
　大文字のアルファベットをやったばかりですので，アルファベットでWhat's this? の導入から入っていきましょう。

Small Talk

> 教師：I'll give you an Alphabet Quiz.
> 　　　（と言って，アルファベットを一部隠した画像を見せる）
> 教師：What's this?
> 児童：C。
> 児童：G。
> 教師：The answer is.... （隠している部分をとる）G！
> 児童：いえ〜〜い！

　このように，アルファベットクイズで，What's this? に慣れ親しませてい

きます。

　アルファベットクイズ例（答えは下の Tips で）

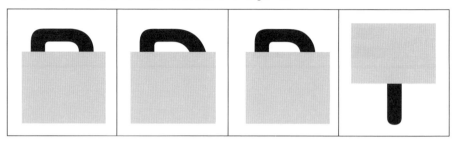

2　動物クイズで導入する。(5分)

　アルファベットクイズの流れで、そのまま動物の一部を隠したものを、提示していきましょう。また、It's.... で、始まる答え方にも触れましょう。

教師：What's this?
児童：Panda!
児童：Bear.
教師：It's a...
児童：It's a panda.
教師：The answer is.... It's...a panda!
児童：いえ～～～い！

Tips!　アルファベットを書くことへの慣れ親しみを兼ねる

　クイズでは、「当たった数だけ指を折って数えておきましょう」と言ってすますやり方もありますし、紙を配ってそこに答えを書かせる方法もあります。紙を配れば、アルファベットを書かせることもでき、書くことに慣れ親しませる利点が生まれます。ちなみに上記、アルファベットクイズ例の答えは、左から、B・D・P・T となります。

Chapter 1　子供の心をギュッとつかむ！導入で使える授業パーツ

⑫ この人だ〜れ？　Who is this?

> **3年**
> **LT1 Unit 9**
> **基本表現** Who is this? / That's Katsuo.
> **目標** 写真やイラストが誰であるかを尋ねたり，答えたりする。
> **時間** 10分　**準備物** スライド

活動の概要

Who is this? の導入はずばり，「タラちゃん」です。試しに，タラちゃんの頭の部分を隠してみてください。カツオに見えませんか？

活動の手順

1 イラストで導入する。（5分）

タラちゃんの上の部分（髪の毛）を隠した絵を見せ，児童に尋ねます。

Small Talk

教師：Who is this?（と言って，イラストを見せる）
児童：カツオ！
教師：Who is this, Miki?
みき：Katsuo.
教師：Who is this, Takeru?
たける：Katsuo.
教師：Everybody, who is this?
児童：カツオ！
教師：No.（と言って頭の部分をとると）Tara-chan.
（児童：「え〜〜〜」の声）

このように，6〜7枚，サザエさんのキャラクターの頭の部分を隠して，Who is this?（この人は誰でしょう？）と，やり取りをしていきます。Who is this? の意味を確認しなくても，児童は場面から，教師が何と聞いているのか理解するでしょう。

2 教師の写真で導入する。（5分）

タラちゃんクイズの続きで，先生方の写真の一部を隠して，Who is this? と尋ねていきましょう。That's…で始まる答え方にも触れましょう。

教師：Who is this?
児童：あ〜〜〜。（笑い）
児童：田中先生。
教師：That's…
児童：That's… Tanaka.
教師：That's Mr. Tanaka.

以下，教師を話題にクイズをテンポよく出しながら，That's…ではじめて答えさせましょう。

> **Tips!** **意外性が授業を楽しくさせる！**
>
> 授業には，意外性が大事です。いつも同じであったり，普通に考えれば当たってしまうようなストレートな授業は，やんちゃな児童は，授業のつまらなさに敏感に反応します。常に児童に刺激を与えるような，「え！？」というようなネタやアイデアで授業を組み立てていきたいものです。アイデアは周りにあります。Ideas are around us. 日常の中からネタを探しましょう。

Chapter 1　子供の心をギュッとつかむ！導入で使える授業パーツ

⑬ おはよう！ Good morning.

| **4年**
LT2 Unit 1 | **基本表現** Good morning. / Good afternoon. / Good night.
目　標 挨拶表現と名前，出身地の言い方がわかる。
時　間 7分　**準備物** スライド（時計の絵） |

活動の概要

　日本では，午前10時頃の挨拶からは「こんにちは」を使いますが，英語では，午前中は，Good morning.（おはよう）を使います。言語文化の違いを体験的に気づかせ，理解させていきましょう。

活動の手順

1 時計で導入する。（5分）

　パワーポイントで，時計の絵と人物を見せ，児童に挨拶させましょう。

Small Talk

> **教師**：英語で「おはよう」って何て言う？
> **児童**：Good morning.
> **教師**：そうですね。スクリーンに出てくる人に挨拶をしましょう。
> 　　　　（時計で朝7時を映し出す）
> **児童**：Good morning.
> **教師**：（朝8時の時計を映し出す）
> **児童**：Good morning.
> 　　　　（以降，9時，10時，11時，12時）と見せていきます。

　実は，これだけで，挨拶の導入になります。

児童は，10時になった時点で，自信なさげに，声が小さくなるでしょう。もしくは，Good afternoon. と言ってくる児童がいるかも知れません。

そこが指導のチャンスです。

2 内容を理解しているか確認する。（2分）

ALTがいれば，ALTに時計を見せて，何と言うか言わせてみるとよいでしょう。

 HRT：What do you say when you meet someone at 10 in the morning?
   （朝10時に誰かに会ったら，何と言いますか）
 ALT：Good morning.
 HRT：Good morning. How about 11?
 ALT：Good morning.
 児童：え〜〜〜。
 HRT：How about 12 noon?
 ALT：Good afternoon.

このように，やっと，お昼の12時になって，Good afternoon. となります。日本ではだいたい10時頃には，「こんにちは」と言いますが，英語では午前中は，Good morning. と言うことに気づき，理解させます。

Tips! 理解から気づきへ

「授業には意外性が必要である」というのは，本書33ページで記した通りです。今回は，時計の針を1時間ずつ進め，どこで挨拶表現が変わるか児童に気づかせていくのが，導入のねらいとなります。外国語活動では，学習指導要領の目標において「外国語を通して，言語や文化について体験的に理解を深め，日本語と外国語との音声の違い等に気付く（後略）」とあり，理解を深めた後に言語に気づかせるプロセスとなります。

Chapter 1　子供の心をギュッとつかむ！導入で使える授業パーツ

⑭ 天気はどう？

> 4年　　**基本表現** How's the weather? / It's sunny.
> LT2 Unit 2　**目標** 天気の尋ね方と言い方を学ぶ。
> ①　　　**時間** 15分　**準備物** イラスト（晴れ，曇り，雨，雪，風が強い，雷）

活動の概要

　天気表現を既習事項の I like…. や I don't like…. と合わせ，どんな天気が好きなのか尋ね合い，言語活動としての意味を持たせるようにします。

活動の手順

1 イラストで導入する。（5分）

　天気のイラストを見せていきながら語を導入します。

Small Talk

教師：（太陽がサンサンと輝いている絵を見せて）How's the weather?
児童：Sunny?
教師：Yes. It's sunny…. It's sunny. I like sunny days.
　　　（曇りの絵を見せて）It's cloudy. I don't like cloudy days.
　　　（雨の絵を見せて）It's… rainy. I don't like rainy days.
　　　（雪の絵を見せて）It's snowy. I… don't like snowy days.
児童：え…またあ！どんだけ好きじゃない？
教師：（雷の絵を見せて）It's thunder and lightning.
　　　（強風の絵を見せて）It's windy. I don't like windy days.

2 内容を理解しているか確認する。（5分）

Small Talk からの流れで，児童に話題をふってみましょう。

教師：（もう一度，語彙を確認するために）
　　　　Sunny, cloudy, rainy, snowy, thunder and lightning, windy.
　　　　What day do you like?
児童：Sunny days!
教師：What day do you like, Yuji?
ゆうじ：Sunny days.
教師：Oh, you like sunny days?
ゆうじ：Yes. I like sunny days.

3 基本表現を確認する。（5分）

教師：OK. How's the weather?（と言って，晴れの絵を見せる）
児童：Sunny!
教師：It's... sunny.
児童：It's... sunny.
教師：Good. How's the weather?（と言って，曇りの絵を見せる）
児童：It's cloudy!
教師：Good. It's cloudy!

> **Tips!** 児童のインプット強化を図るために
>
> 　コミュニケーションとしての言語使用を考えた場合，児童の意識を外に集め，How's the weather?（天気はどう？）と尋ねることも考えられますが，言語の習得ということを考えると，児童へのインプット強化を図るためには，ピンポイントの絵で示すとよいのでしょう。

Chapter 1　子供の心をギュッとつかむ！導入で使える授業パーツ

⑮ Let's play dodgeball.

> **4年**
> **LT2 Unit 2**
> ②
>
> **基本表現** Let's play dodgeball. / Yes, let's.
> **目標** 友達を誘う英語表現に慣れ親しませる。
> **時間** 10分　**準備物** イラスト

活動の概要

　教師が児童に休み時間にやることを色々提案していきます。その中には，児童がやりたくないことも…。Let's の英文をたくさん聞かせながら，本時のねらいに迫っていきます。

活動の手順

1 語彙を導入する。（5分）

　次のような語彙をイラストで提示し，黒板に貼っていきます。

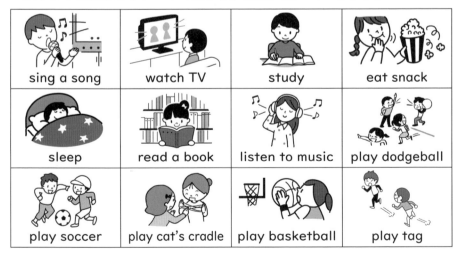

2 基本表現を導入する。（5分）

Small Talk

教師：Look at the blue sky! It's sunny today.
　　　What do you want to do?（休み時間みんな何したい？）
児童1：Dodgeball!　児童2：ヘビじゃんけん。　児童3：おにごっこ。
教師：O.K. How about this? **Let's... study** in 休み時間！
　　　（と，黒板のイラストを1枚とって，児童に見せる）
児童：え～～～。やだ～～～。
教師：No, let's not?
児童：No, let's not.
教師：How about this?（と言って，歌を歌っているイラストをとり）
　　　Let's sing a song!
児童：No, let's not.
教師：O.K. How about this one? **Let's... eat snack!**
児童：Yes!!!
教師：Yes, let's!
児童：Yes, let's!
教師：Let's play dodgeball.
児童：Yes, let's.

Tips! 場面設定の重要性

　言語は，使われる場面を想定し，その場面とともに，目標言語を導入することを心がけます。今回は，「休み時間に何しようか？」という投げかけに基づき，「～しようよ」と提案していく場面で，目標言語を導入しています。その後の展開では，児童が友達に，Let's ～! と言い合う言語活動を設定し，目標言語に慣れ親しませる展開とします。

Chapter 1 子供の心をギュッとつかむ！導入で使える授業パーツ

⑯ What day is it?　何曜日？

4年 LT2 Unit 3	**基本表現** What day is it? / It's Tuesday. **目標** 曜日を尋ねたり，答えたりする表現を理解する。 **時間** 12分　**準備物** 曜日イラスト，有名人などの写真	

活動の概要

　曜日については，簡単な曜日の歌がありますので，その歌から入っていきましょう。

活動の手順

1 歌で導入する。（5分）

　歌やチャンツは児童の耳に残り，またリズムや音の結びつきなどを指導するのに効果的です。

〔1回目〕曜日の歌を，歌って聞かせます。
　♪ Sunday, Monday, Tuesday,
　　　Wednesday, Thursday,
　　　Thursday, Friday, Saturday,
　　　Sunday comes again. Sunday comes again.

〔2回目〕ゆっくり歌いながら，曜日イラストを黒板に貼っていきます。
〔3回目〕曜日イラストを指しながら，Thursday が2回続いて歌っていることに気付かせながら，歌います。
〔4回目〕「歌えるところは，歌ってみましょう」と投げかけ，歌います。

40

2 「今日は，何曜日？」と質問する。（5分）

カレンダーの曜日欄を指さしながら，児童に話かけます。

Small Talk

教師：Sunday, Monday, Tuesday, Wednesday, Thursday, Friday and Saturday. What day is it today?
児童：水曜日。
教師：Oh, it's Wednesday!　I'm happy. I like Wednesdays.
I have a Kimutaku drama on Wednesday.
（キムタクの写真を見せる）
I like him. I watch TV on Wednesday.

この例の他にも，例えば，温泉に行く（go to a hot spring），買い物に行く（go shopping），スイミングに行く（go swimming）など使えます。

3 理解しているか確認する～何曜日が好き？～（2分）

Small Talk の後，児童に尋ねながら，曜日に慣れ親しませていきます。

教師：What day do you like?
児童：I like Friday.
教師：Good. You like Friday. What day do you like, Miki?
みき：I like Sunday.

Tips! ねらいを1つに絞る

「一時一事」という授業の法則があります（『授業の腕をあげる法則』向山洋一著）。「1回に1つだけを指導する」ということです。1回の活動に1つのねらいだけに絞って指導し，small step で指導を重ねていくのです。

Chapter 1 子供の心をギュッとつかむ！導入で使える授業パーツ

⑰ 掘った芋いじるな？　What time is it?

> **4年**
> LT2 Unit 4
> ①
> **基本表現** What time is it? / It's 3 p.m.
> **目標** 時間を尋ねたり，答えたりすることができる。
> **時間** 7分　**準備物** スキット，ジャガイモ

活動の概要

　時間を尋ねる表現の1つに，What time is it now? があります。これは，よくよく聞いてみると「掘ったイモ，いじるな」と聞こるのは有名な話です。これをネタに，ALT とスキットを演じてみましょう。

活動の手順

1 スキットで導入する。（2分）

　ALT と JTE が教室の両側から走って来て，正面に立ち，「JTE：タッキーと」「ALT：ケニーの」「JTE&ALT：ショートスキット！」と言って始めます。

Small Talk

> JTE：（ジャガイモを触っている）
> ALT：Excuse me. What time is it now?
> JTE：え？掘った芋…いじるな？？？　Oh, sorry.
> ALT：No. No. No. What time is it now?
> 　　　（JTE の腕時計を指し）What time is it now?
> JTE：掘った芋，いじるな！（腕時計を見せる）
> ALT：Oh, it's 6 p.m. My dinner time. Bye.
> JTE：掘った芋，いじるな？？？　いじちゃえ～～～（と言って芋をいじる！）

2 理解しているかを確認する。（5分）

時計盤で時刻を示しながら，児童に時刻を尋ねていきます。ALTがいれば，ALTに言ってもらい，児童は時刻を答えていきます。

ALT：Good morning, Mr. Takizawa.
JTE：Good morning.
ALT：What time is it now?（と言って，10時の時計盤を見せる）
JTE：It's 10 a.m.
ALT：Oh, good afternoon, Mr. Takizawa.
　　　　What time is it now?（と言って，2時の時計盤を見せる）
JTE：It's 2 p.m.
ALT：Good morning, Kenta. What time is it?
　　　　（と言って，7時の時計盤を見せる）
けんた：It's 7 a.m.

このように，児童1人1人に尋ねていき，What time is it? が，時刻を尋ねているという意味であることを理解させ，午前，午後を表す，a.m., p.m. についても気づかせていきましょう。

ただし気を付けなくてはいけないのは，日本では，PM5時のように，p.m. や a.m. を先に言う習慣があります。何も指導しなければ，It's pm five. と間違った表現をしてしまう児童もいるかも知れませんので，授業のどこかで気づかせ，確認しましょう。

Tips! 時間の指導で使えるアプリ

i pad などで使えるアプリに Feel Clock というのがあります。時計の針を手で動かせ，また，午前，午後と時刻が変わるにつれ，背景も明るい朝から，暗い夜になるなど，時刻の指導で手軽に使えるアプリです。

Chapter 1　子供の心をギュッとつかむ！導入で使える授業パーツ

⑱ What time do you like?

> **4年**　**LT2 Unit 4**　②
> **基本表現** What time do you like? / I like 7 p.m. / It's dinner time.
> **目　標** 好きな時間帯とその理由を言う。
> **時　間** 10分　**準備物** 時計盤

活動の概要

　前時の時計の読み取りから復習しながら，好きな時間帯について，児童に尋ねていきましょう。

活動の手順

1 時刻の復習をする。（5分）

次のような時計盤を見せながら，時刻の復習をします。

教師：（午前8時の時計盤を示し）What time is it?
児童：It's 8 a.m.
教師：（午前9時の時計盤を示し）What time is it?
児童：It's 9 a.m.
教師：（午前10時の時計盤を示し）What time is it?
児童：It's 10 a.m.
　　　　（以後，尋ねながら，時計盤を黒板に貼っていく）
教師：（午後10時の時計盤を示し）What time is it?
児童：It's 10 p.m.
教師：Is it your "Bed Time"?

2 児童とのインタラクションで基本表現を導入する。（5分）

Small Talk

> 教師：I like 7 p.m. It's my "dinner time".
> 　　　I like eating with my family.
> 　　　What time do you like?
> 児童：I like 5 p.m. It's "Play Time".
> 教師：How about you?
> 　　　What time do you like, Misaki?
> みさき：I like 10 p.m. It's "Bed Time".
> 教師：Oh, you like 10 p.m.?
> みさき：Yes.

　本時のねらいは，時刻の言い方を復習しながら，好きな時間帯とその理由が言えることになります。

　What time do you like? という質問は，どのような意味になるのかは，比較的児童にとっては，推測しやすい英文かと思います。

　児童へ質問を投げかけながら，好きな時間帯や理由を考えさせ，基本表現に慣れ親しませていきましょう。

Tips! 繰り返し学習が英語力の定着に！

　本時の学習は，その後の「1日の行動」（本書134ページ）や，小学校5年生での What time do you get up? / I get up at six. の基本表現（本書160ページ）につながっていきます。このことは，いかに英語は技能であり，技能は繰り返し繰り返しスパイラルに学習する教科であることがわかるでしょう。スパイラルに学習を展開しながら，実は，発話の質も深まっていきます。

Chapter 1　子供の心をギュッとつかむ！導入で使える授業パーツ

⑲ ～を持っていますか？

> **4年**
> **LT2 Unit 5**
> **基本表現** Do you have ～? / Yes, I do. / No, I don't.
> **目標** 持っているものを尋ねたり，答えたりする。
> **時間** 10分　**準備物** ペンケース，漫画本，ペットの写真

活動の概要

　児童との Small Talk を通じ，児童が持っているもの，持っていないものを尋ねながら，場面や状況から表現（Do you have...?）の意味理解につなげていきましょう。

活動の手順

■　具体物で導入する。（10分）

　最初は，身の回りの物を使った話題から入り，徐々に話題を広げていき，Do you have～? / Yes, I do. / No, I don't. の表現に慣れ親しませましょう。

Small Talk 1

> 教師：（身の回りのものを話材に）I have a pen case.
> 　　　In my pen case, I have pencils. Red pencils. A marker. A ruler.
> 　　　An eraser. **Do you have a red pencil?**
> 児童：Yes.
> 教師：How many red pencils do you have?
> 児童：Two!/I have two red pencils.
> 教師：**Do you have a ruler?**
> 児童：Yes, I do.

46

Small Talk 2

教師：（漫画本を話材に）Look at these. I like comics. Do you like comics?
児童：Yes, I do.
教師：Do you have comic books?
児童：Yes, I do.
教師：What do you have, Hiroshi?
ひろし：I have "Naruto".
教師：How many comic books?
ひろし：I have 20 comic books.
教師：Wow, so many.

Small Talk 3

教師：（ペットを話材に）Do you have any pets? I don't have pets. Do you have any pets?
まき：Yes, I do.
教師：What do you have?
まき：I have a dog.
教師：One dog?
まき：Yes.

Tips! 話材を黒板に貼り，学習内容の視覚化を図る

話材を児童の身の回りのことから探し，Small Talk をしながら，トピックを象徴するようなイラストを黒板に貼っておくと，その後の児童同士での Small Talk の時に役立ちます。また児童が持っていそうでいないものには，①ゲームソフト　②音楽CD　③腕時計　④パソコン　⑤兄弟姉妹等，が考えられるでしょう。

Chapter1 子供の心をギュッとつかむ！導入で使える授業パーツ

⑳ What do you want?

| 4年
LT2 Unit 7 | 基本表現 What do you want? / I want tomatoes.
目標 欲しいものを尋ねたり，答えたりする。
時間 10分　準備物 パペット，イラスト（パフェ，トッピング） |

活動の概要

　教師はケリーの家に行って，ごちそうしてもらいました。食事が終わると，「デザート何が欲しい」と尋ねられ，パフェを注文します。どんなトッピングがいいかな。そんな導入をしてみました。

活動の手順

1 パペットで導入する。（5分）

Small Talk

> 教師：ごちそうさま。It was so delicious.
> ケリー：Thank you. What do you want for dessert?
> 教師：Dessert? What do you have?
> ケリー：I have parfait, cake, pudding, fruits and ice cream.
> 教師：何にしようかな？　全部！　Sorry sorry. I want parfait.
> ケリー：What do you want for parfait? You can choose three toppings.
> 教師：Three? I like peaches. So, peach, cherries and….
> ケリー：Do you like *natto*?
> 教師：Yes, I like *natto*.
> ケリー：Then, *natto* parfait!（と言って，納豆がのっているパフェの絵を提示）

2 内容の確認をする。（5分）

　実際は，小学校3年生で，What do you want? には触れていますが，簡単に意味理解がどの程度できているか，児童に尋ねながら，確認していきます。

　　教師：You can choose five toppings for parfait.
　　　　　　What do you want?
　　児童：I want..., ..., ...
　　教師：What do you want, Nami?
　　なみ：I want grapes, watermelon and banana.
　　教師：How about Taku?
　　　　　　What do you want for parfait?
　　たく：I want kiwi fruit, melon and pudding.
　　教師：What do you want, Yumi?
　　なみ：I want chocolate ice cream, orange and apple.

　黒板には，トッピングに使えそうなイラストを貼っておき，そこから選べるようにしておきます。

> **Tips!　よい導入は，次の展開にスムーズにつなげられる**
>
> 　導入を考える時に，大事なことは，その導入がその後の展開で使えるような表現や場面であるかどうかを吟味することです。
> 　今回の What do you want? での導入は，色々方法が考えられますが，その後の活動で，オリジナルパフェを作るという展開につなげるために，トッピングを選ぶ場面を想定した導入となっています。

Chapter 1　子供の心をギュッとつかむ！導入で使える授業パーツ

㉑ What's your favorite fruit?

> **4年**
> **LT2 Unit 8**
> ①
> **基本表現** What's your favorite fruit? / My favorite fruit is apples.
> **目　標** 何が好みか尋ねたり，答えたりする。
> **時　間** 15分　**準備物** イラスト（野菜，果物，スポーツ，色など）

活動の概要

　What fruit do you like? と What is your favorite fruit? の違いについては，What fruit do you like? と聞かれた場合，I like all fruits.（果物なら全部好きです）と言えるのに対して，What is your favorite fruit? では，色々果物はあるけれど，一番好きなのはどれという意味になるのが大きな違いです。
　そこで，イラストを提示しながら，一番好きな果物はどれ？というように導入していきましょう。

活動の手順

1 イラストで導入する。（5分）
　どの果物が一番好きか，児童に尋ねていき，表現に慣れ親しませます。

Small Talk

> **教師**：Apple, banana, melon, watermelon, grapes, grapefruits, cherries....
> 　　　　I like fruits very much.
> 　　　　I like watermelons, bananas, grapefruits, kiwi fruits.
> 　　　　I like all fruits.
> 　　　　But my favorite fruit is watermelons.
> 　　　　Because it's juicy.

2 理解の確認をする。(5分)

児童とのインタラクションを通じて,基本表現の意味理解を確認します。

教師：What's your favorite fruit? Choose one.
児童：Strawberries. / Pineapples. / Melons. / ....
教師：What's your favorite fruit, Toru?
とおる：Bananas.
教師：O.K. My favorite fruit is bananas.
とおる：My favorite fruit is bananas.
教師：Good. What's your favorite fruit, Maiko?
まいこ：My favorite fruit is peaches.

3 基本表現の確認をし,発音練習をする。(5分)

教師：今,先生が What's your favorite fruit? と質問していたけど,どんな意味？
児童：一番好きな果物。
教師：そうだね。一番好きな果物は何？という意味だね。
　　　　じゃ,発音練習をしてみようか。What's your favorite fruit?
児童：What's your favorite fruit?
教師：My favorite fruit is apples.
児童：My favorite fruit is apples.

Tips! 正しい音を確認する

言語使用を通じて,理解させていく時に,注意しなくてはいけないことは,「発音」です。どうしても,英語の発音が,母語（日本語）に引き寄せ（マグネット理論）られてしまいます。日本語に近い音を使ってしまうのです。特に果物等,カタカナで使われている日本語は気をつけましょう。

Chapter 1 子供の心をギュッとつかむ！導入で使える授業パーツ

㉒ ケリーを見つけよう！

> **4年**
> **LT2 Unit 8**
> ②
>
> **基本表現** It's on the second floor. / Go up. Turn right. / It's the second room on the left.
> **目標** 学校案内を英語でする。
> **時間** 8分　**準備物** クイズ「Kellyはどこに？」，スライド

活動の概要

　学校内の施設を英語で案内します。これが小学校5年生での道案内や中学校の学習へとつながっていきます。「Kellyを探せ」のクイズを通して，導入で，基本表現の理解を促しましょう。

活動の手順

1 クイズで導入する。（5分）

　あらかじめ，ケリーを色々な場所に連れていき，そこで写真をとっておく。

Small Talk

> 教師：Teacher's Quiz! ケリーを探せ！
> 児童：？？？
> 教師：Where is Kelly? Please find her. I'll give you a hint.
> 　　　It's on the second floor.
> 　　　Go straight to the end, turn left.
> 　　　It's the fifth（指で5を示す）room on the right.
> 児童：どこだ？

答えを確認します。

教師：Can you find the answer?
児童：図書室？
教師：Yes. That's right. Kelly is in the library.
　　　　（と言って，スライドに写した写真を見せる）

2 基本表現の確認をし，発音練習をする。(3分)
教師：今日は，学校内を案内する表現を勉強します。まず，これ！
　　　　It's on the second（指で2を示す）floor. どういう意味？
児童：2階にある。
教師：じゃ，3階だったら？
児童：？？？　サード？
教師：Yes. でも発音ちょっと難しい。（歯の間に舌を入れて）Third.
児童：Third.
教師：Go straight.
児童：まっすぐ行って。
教師：Turn left.（ジェスチャーをつけて）
児童：左に曲がる。
教師：It's the fifth room on the right.
児童：5番目の部屋で，右側にある。

この後，基本表現を表したイラストとともに，発音練習をしていきます。

Tips!　クイズで児童の意識を集中させる

学校案内をただ教師がするのではなく，クイズにすることで，児童に考えさせ，英語を聞くことに集中させることができます。

Chapter 1　子供の心をギュッとつかむ！導入で使える授業パーツ

㉓ What's your favorite place?

4年 LT2 Unit 8 ③	基本表現	My favorite place is playground. / I like sports.
	目　標	好きな場所とその理由を言う。
	時　間	10分　　準備物　イラストまたは写真

活動の概要

　校舎内の色々な場所のイラストまたは写真を見せて，その中で一番お気に入りの場所はどこか尋ねていく Small Talk で導入します。

活動の手順

1 児童とのインタラクションで導入する。（5分）

　黒板に学校内の様々な場所のイラストまたは写真を提示し，教室などの言い方を確認した後，児童にお気に入りの場所を尋ねていきます。

Small Talk

教師：What is your favorite place?
児童：Favorite place?
教師：Yes. My favorite place is my classroom.
　　　I like talking with you! What is your favorite place, Kenji?
けんじ：My favorite place is gym. I like 運動って何と言うの？
教師：何て言うのかな？（クラスの児童に向かって言う）
児童：Sports.
教師：そうだね。Sports でいいね。
けんじ：I like sports.

このように，児童とインタラクションを図り，What's your favorite place? My favorite place is the music room. Because I like music. のように，好きな場所そして，可能であれば，その理由も考えさせて話させていきたいです。

校内の場所には次のような部屋等があります。

①教室（classroom）　②図書室（library）　③音楽室（music room）
④職員室（teachers' room）⑤校長室（principal's room）　⑥トイレ（toilet）
⑦体育館（gym）⑧保健室（nurse's room）⑨校庭（playground）
⑩パソコン室（PC room）　⑪理科室（science room）
⑫図工室（arts and crafts room）

2 基本表現と発音を確認する。（5分）

黒板に貼った学校内のイラストまたは写真を見ながら，教師の後にリピートさせ，発音練習しましょう。その後，もう一度，児童に指名していきながら，基本表現が言えているかどうか，基本表現を含む英語の発音を確認していきましょう。

教師：Look at the pictures. Where is this?（と言って図書室を指さす）
児童：Library.
教師：Yes. Repeat. lib（＝ライブ）（児童：lib）
教師：ra（＝ゥラ）（児童：ra）
教師：ry（＝ゥリー）（児童：ry）

Tips! 発音指導は音節の区切りを意識して

英単語の1つの区切り（音節）の単位に，CVCというのがあります。Cは，Consonant（子音）です。Vは，Vowel（母音）です。このCVCが1つの音節単位となります。library（図書室）は，lib（＝子音＋母音＋子音）で一旦区切れ，次はCVの単位のraとryになります。

Chapter1　子供の心をギュッとつかむ！導入で使える授業パーツ

㉔ 私の一日

4年 LT2 Unit 9	**基本表現** I wake up at 6:00. **目　標** 1日の行動を時間を追って英語で言う。 **時　間** 10分　**準備物** スライド	

活動の概要

　児童は，What time do you like?（本書44ページ）で，日常の行動のいくつかは導入済です。そこで既習事項を活かしながら，児童とのインタラクションを図りながら，語彙と表現の導入をしましょう。

活動の手順

1 児童とのインタラクションで導入する。（5分）
　児童の生活を英語で尋ねることで，児童の理解が深まります。

Small Talk

教師：What time is your "Wake-up" time?
児童：Six.
教師：At six?
児童：Yes. At six.
教師：I wake up at five.（「目を覚ます」イラストを提示）
　　　What time is your "Bed" time?
　　　I go to bed at 11:00.（「寝る」イラストを提示）

　このように，既習事項で児童とのSmall Talkを行いながら，語彙を導入

していきます。やはり児童には，語彙を聞き，それがどういう行為を表すのか理解するために，イラストは必要です。次のような語彙を扱います。

①	目を覚ます（wake up）	②	顔を洗う（wash my face）
③	歯を磨く（brush my teeth）	④	朝食をとる（have breakfast）
⑤	布団をたたむ（put away my *futon*/make a bed）	⑥	学習道具を準備する（check my school bag）
⑦	家を出る（leave my house）	⑧	学校に行く（go to school）
⑨	家に帰る（go home）	⑩	夕食を食べる（have my dinner）
⑪	宿題をする（do my homework）	⑫	寝る（go to bed）

2 基本表現を確認し，発音練習をする。（5分）

　語彙イラストが黒板に出ていますので，それを見ながら，英語の発音を確認し，リピートさせながら，発音練習をします。状況に応じ，キーワードゲームやミッシングゲーム等で，語彙に慣れ親しませ，習熟させていきます。

　教師：Repeat after me. w...（口をとがらせ）ake up.
　児童：w...ake up.
　教師：w...ash my f...ace.
　児童：w...ash my face.

Tips! 難しい学習を無理なく取り組ませる英語ゲーム

　英語の学習はまず，慣れ親しむことから始めます。特に，大量の語彙に慣れ親しむためには，楽しく繰り返すことが必要です。そこで定番の活動に，①キーワードゲーム　②ミッシングゲーム　③カルタ　④ビンゴゲーム　⑤カード並べ（言われた順にカードを並べていく）等があります。楽しく語彙に慣れ親しませ，英語学習のハードルを下げてあげましょう。

Chapter 1　子供の心をギュッとつかむ！導入で使える授業パーツ

㉕ How do you spell your name?

5年	**基本表現** How do you spell your name? **目　標** 名前のスペリングを尋ねたり，答えたりできる。 **時　間** 9分　**準備物** クイズ，答えとなるイラスト	

活動の概要

　スペリングを言うことは，アルファベットのよい練習になります。アルファベットの読み書きは，小学校で学習する定着事項となります。人物クイズで，How do you spell your name? を導入します。

活動の手順

1 クイズで導入する。（7分）
次のようなクイズを出していきます。

Small Talk

教師：	（スクリーンに向かって）Hello.
スクリーン：	Hello.
教師：	Who are you?
スクリーン：	I'm a singer. I'm an *enka* singer. I'm from Hokkaido.
教師：	How do you spell your name?
スクリーン：	My name is S-a-b-u-r-o.
児童：	わかった！
教師：	The answer is...
児童：	Kitajima Saburo.

答えを言う時には，北島三郎の写真を見せて，確認しましょう。
こんなクイズ案があります。

<u>クイズ①</u>

教師：Hello.

スクリーン：I'm very popular. I'm a singer and an actor.
My wife is Shizuka. I'm very cool.

教師：How do you spell your name?

スクリーン：My name is T-a-k-u-y-a.

<u>クイズ②</u>

教師：Hello.

スクリーン：Hello. I'm an anime character. I like *ayatori*, cat's cradle.
I wear glasses.（ジェスチャーをつけて）

教師：How do you spell your name?

スクリーン：My name is N-o-b-i-t-a.

児童：わかった！

2 内容の確認をする。（2分）

児童に名前のスペリングを尋ねながら，理解の確認を行います。

教師：Your name is Ken. How do you spell your name?

児童：K-e-n.

教師：Your name is K-e-n Ken. Right?

児童：Yes.

Tips! **名前を言う時には，はっきりゆっくり言う**

このクイズでは，How do you spell your name? / My name is C-A-T. のように，動物名や野菜，果物でも問題が作れます。また，スペリングを言いながら，児童はアルファベットの学習にもなります。

Chapter 1　子供の心をギュッとつかむ！導入で使える授業パーツ

㉖ 自己紹介をしてみよう！

5年	**基本表現** Hello. My name is Manami. M-a-n-a-m-i.	
	目標 30秒くらいで，簡単な自己紹介をすることができる。	
	時間 15分　**準備物** ワークシート	

活動の概要

　導入の原則の1つに，「導入した内容が，次の展開（練習活動）に直結する内容であるということ」があります。まずは，教師が既習の基本表現を用いて自己紹介をし，その後，児童に自己紹介をさせていきましょう。

活動の手順

1 まとまりのあるストーリーで導入する。（5分）
　自己紹介用に画用紙にイラストを描いたものを用意し，自己紹介します。

Small Talk

教師：Hello. I'm Mayumi. M-a-y-u-m-i. Mayumi. Nice to meet you.
　　　I'm from Saitama. I live in Nishi-machi.
　　　I have 4 people in my family. Father, mother, sister and me.
　　　I have no pets. I want a cute dog. I like dogs.
　　　I like *ramen* very much. My favorite *ramen* is *miso ramen*.
　　　It's yummy. What is your favorite *ramen*?
　　　I play tennis and I like swimming.
　　　My favorite color is yellow. Because it's bright.
　　　Thank you.

同様に ALT にも，自己紹介をしてもらいます。

ALT：Hi. My name is Kenny. K-e-n-n-y. Kenny. Nice to meet you. I'm from Cameroon. I live in Yamato City.

2 内容の確認をする。(5分)

2人の自己紹介を聞いて，わかったことを友達とシェアします。

教師：O.K. Talk in pairs about our self-introduction, 自己紹介, self-introduction. What's my name? Where do I live? What color do I like? Talk in pairs in one minute.
児童：まゆみ先生は，埼玉の出身で，西町に住んでいる。
児童：ケニー先生は，カメルーンの出身で，大和市に住んでいる。

3 内容の聞き取りをする。(5分)

もう一度，HRT と ALT の自己紹介を聞いて，表を埋める活動をします。この時も，ゆっくり言って聞かせるようにします。

【ワークシート例】

名前	出身地	家族	動物	食べ物	スポーツ	色	ほしい物

> **Tips!** 授業は点でなく，線で指導する
>
> 本時では，導入で使った内容が，そのまま次の展開で使えるように，ワークシートを用意しています。HRT と ALT の2人の自己紹介を聞いて，ワークシートに書き込んだ後の展開は，本書148ページで紹介します。

Chapter 1　子供の心をギュッとつかむ！導入で使える授業パーツ

㉗ 誕生日は何月？

5年
- **基本表現** When is Doraemon's birthday? / It's in September.
- **目標** 何月に誕生日があるか言うことができる。
- **時間** 15分　**準備物** イラスト

活動の概要

　月名を扱う誕生日の表現は，児童にとって難しい学習内容の1つと言えます。日本語では1月，2月…と数字を使えばよいのですが，英語では，January, February...と個別の名前がついているので，1つ1つ覚えなくてはいけません。そこで，色々な角度から月名の語彙に慣れ親しませます。

活動の手順

1 クイズで導入する。（5分）
　身近なアニメキャラクターの誕生日を使って導入してみましょう。

Small Talk 1

教師：January, February, March, April, May, June, July, August, September, October, November, December.
　　　（と言いながら月名の絵カードを黒板に貼っていく）
教師：When is Doraemon's birthday? Do you know?
児童：9月！
教師：September. Doraemon's birthday is in September.
　　　（と言って，9月の絵カードの下にドラえもんの絵を貼る）

Small Talk 2

教師：When is Hello Kitty's birthday?
児童：え？　誕生日あるの？
教師：Yes! Please guess....
児童：3月！
教師：March? No....
児童：10月！
教師：October? Close.（おしい！）（やり取りしながら）It's in November.
児童：11月なんだ！

　その後，サザエさん，ミッキーと扱い，キティを含め3人とも11月生まれなので，児童は「また～～～」という反応を得た後，もし職員で11月生まれの人がいれば提示すると，児童は予測してNovember! と言うでしょう。

2　基本表現の確認をし，月名の発音練習をする。(10分)

　基本表現を When is ～'s birthday? / It's in（月名）. とし，It's in.... で言えるかどうか確認しながら，月名に慣れ親しませていきます。

　　教師：When is Conan's birthday?
　　児童：It's in May.

Tips!　主なキャラクターの誕生日

　アニメキャラクターや教職員の誕生日，学校の開校記念日などで月名に触れることができますね。児童に問題を考えさせてもいいでしょう。

野比のび太	8月7日	ふなっしー	7月4日
ジャイアン	6月15日	くまモン	3月12日
ちびまる子ちゃん (さくらももこ)	5月8日	野原みさえ	10月10日
磯野カツオ	3月11日	江戸川コナン	5月4日
鬼太郎	2月30日	ドナルドダック	6月9日
フグ田タラオ	3月18日	どーもくん	12月22日

Chapter1　子供の心をギュッとつかむ！導入で使える授業パーツ

㉘ When is this event?

| 5年 | 基本表現 When is this event? / It's in May.
目　標 行事がいつ行われるのか尋ねたり，答えたりできる。
時　間 10分　準備物 行事の写真やイラスト |

活動の概要

　様々な角度から，月名に触れていきます。その第2弾です。
　今回は，行事や祝日を取り上げます。日本の行事でも，いつ行われるのかわからない児童もいます。日本や世界の伝統文化の指導を兼ねながら，自国を知るという国際理解教育につなげる内容をねらうのもいいでしょう。

活動の手順

1 イラストで導入する。（5分）

　日本の行事のイラストを見せながら，児童に質問していきましょう。

Small Talk 1

教師：We have many events in Japan. What is this event?
児童：ひなまつり！
教師：Yes. It's Girl's Day. When is Girl's Day?
児童：March.
教師：Good. It's... in March.
児童：It's in March.

続けて「子どもの日」を取り上げ，児童と Small Talk していきます。

Small Talk 2

> 教師：How about this event?
>   （と言って，鯉のぼりの写真を見せる）
> 児童：Boy's Day.
> 教師：Good, But now, we call it Children's Day.
>   When is Children's Day?
> 児童：It's in May.

その他，「節分（*setsubun*）」「七五三（*shichi-go-san*）」「海の日（Ocean Day）」「山の日（Mountain Day）」「敬老の日（*keiro-no-hi*）」「十五夜（*jyu-go-ya*）」「運動会（Sports Day）」「クリスマス（Christmas）」「ハロウイン（Halloween）」などを扱い，行事やイベント，地域の祭り等への理解を深めていきましょう。

2 基本表現を確認する。（5分）

Small Talk の後，基本表現の意味確認を行った後，基本表現の発音練習を行います。

> 教師：今日，先生が使っていた When is this event? は，どういう意味？
> 児童：このイベントはいつ？
> 教師：そうだね。じゃ，言い方を練習しましょう。

Tips! 祝日の意味を伝えながら理解を深める

英語の授業を通じて，自国の文化を指導します。「子どもの日って，どんなことを祝う日」と尋ね，祝日法にある「こどもの人格を重んじ，子どもの幸福をはかるとともに，母に感謝する」という意味があることを伝えた上で，1つ1つの祝日には意味があることに気づかせましょう。（ただ母親がいない児童の配慮は上手に行った上での話ですが…）

Chapter 1　子供の心をギュッとつかむ！導入で使える授業パーツ

㉙ 今日は何日？－序数（first, second...）の導入

5年
- **基本表現** What is the date today? / It's May 23rd.
- **目標** 日付を尋ねたり，答えたりすることができる。
- **時間** 8分　**準備物** カレンダー

活動の概要

　誕生日を言うためには，「月名」と「序数（first, second, third 等）」の知識が必要です。そこで，本時では，日付の言い方を指導しながら，次の時間で，誕生日の言い方の指導を行う指導計画でいきます。

活動の手順

1 身近なモノで導入する。（3分）
　カレンダーを取り出し，児童に話しかけます。

Small Talk

教師：（カレンダーの曜日のところを指で指しながら）
　　　Sunday, Monday, Tuesday, Wednesday, Thursday, Friday, Saturday. What day is it today?
　　　（と言って，4年生で学習した曜日から入り，日付の助走とする）
児童：It's Friday.
教師：Yes. It's Friday. What is the date today?
児童：Date?
教師：Yes. What is the date today?（今日の日付を指さす）
　　　It's... May 23rd.

続いて，数字の言い方の違いに気づかせるようにします。

教師：What is the date?（と言って，5月2日を指さす）
児童：It's May 2（two）．
教師：Well, …. It's May 2nd（second）．
児童：It's May 2nd.
教師：Good. What is the date?（と言って，5月1日を指さす）
児童：It's May 1（one）？
教師：It's May 1st（first）．何か気づいた？

このように5月2日から，順に確認していき，順序を表す「序数」について気づかせていきます。

2 理解の確認をする。（5分）

教師：日付を言う時に気づいたことない？
児童：th とか言っていた。／1日は，first と言っていた。
教師：そうだね。ただ数字を言うだけでなく，〜th や，そもそも言い方が変わってしまう数字もありましたね。今日は，そういう「順番を表す数字」を覚えましょう。

> **Tips!** 日本語知識を活用し，易から難へ
> 日本語の知識を活用し関連付けると難しいことも理解しやすくなります。
>   **教師**：野球で，1塁を何て言う？（児童：ファースト）
>   **教師**：1番目の塁だから First って言うんだね。2塁は？（児童：second）
> その後，「5, 12, 20, 21, 22, 23, 25, 30, 31」などの th の発音だけですまされない特殊な数字の言い方を確認します。

Chapter 1　子供の心をギュッとつかむ！導入で使える授業パーツ

㉚ あなたの誕生日はいつ？

5年	基本表現 When is your birthday? / My birthday is November 6th. 目標 誕生日を尋ねたり，答えたりすることができる。 時間 15分　準備物 誕生日クイズ，ワークシート

活動の概要

　月名や序数に十分慣れた頃，誕生日を尋ねるやり取りを行います。最初に行ったアニメ等のキャラクターの誕生日を用い，今度は月名だけでなく，日付まで確認していきましょう。

活動の手順

1 アニメキャラクターで導入する。（5分）

Small Talk

教師：This is Doraemon. Do you remember Doraemon's birthday?
　　　When is Doraemon's birthday?
児童：It's in September.
教師：Good. It's in September. Do you know the date?
　　　（と言って，9月のカレンダーを指さし）
児童：Three.
教師：Yes. Doraemon's birthday is September 3rd.
　　　He was born in September 3rd in 2112.
　　　（と言って，2112年9月3日と書く）

2 キャラクター誕生日クイズの聞き取りをする。(10分)

次のようなワークシートを配付し,誕生日を書き込ませます。もう事前に,何月かわかる児童は,その月を書かせ,日にちの聞き取りに注意を向けるよう目的を持った活動にします。

教師：この間,キャラクターの誕生日月はやりましたね。もし,覚えているものがあれば,1分間で,月だけ埋めていきましょう。

【ワークシート】 Class (	)	Name (		)
①江戸川コナン	月　日	⑥鬼太郎	月　日	
②野比のび太	月　日	⑦ハローキティ	月　日	
③磯野カツオ	月　日	⑧くまモン	月　日	
④フグ田サザエ	月　日	⑨どーもくん	月　日	
⑤ミッキーマウス	月　日	⑩ふなっしー	月　日	

教師：聞きたい誕生日を,When is Sazae's birthday? というような形で,質問しましょう。
児童：When is Nobita's birthday?
教師：It's August 7th.
児童：(ワークシートに書き込む)

Tips! When is ~'s birthday? に慣れ親しませる

定着を求める小学校5・6年の外国語授業ですが,指導には順番があります。それは,定着と言えど,「慣れ親しみ」→「定着」という順番を常に考えなくてはいけません。まず When is ~'s birthday? を口ずさみ,誕生日の聞き取りに慣れ親しみ,その後の展開で,児童の実際の誕生日の聞き取りを行っていくようにしましょう。

Chapter 1 子供の心をギュッとつかむ！導入で使える授業パーツ

㉛ 何才ですか？

5年	**基本表現** How old are you? / I'm eleven years old. **目　標** 年齢を尋ねたり，答えたりすることができる。 **時　間** 10分　**準備物** 年齢クイズ	

活動の概要

　年齢の導入には，サザエさん一家に登場してもらいます。イラストを見せながら，サザエさんから年齢を尋ねていき，最後の方で，フネと波平に登場してもらい，年齢を考えてもらいましょう。

活動の手順

1 キャラクターで導入する。（5分）

　誕生日がキャラクターに設定されているように，年齢も与えられている場合があります。それを用いて，年齢の言い方への気づきを促しましょう。

Small Talk

教師：	Look at this. This is Sazae. When is Sazae's birthday?
児童：	It's November 22nd.
教師：	Great! How old is Sazae?
児童：	How old?
教師：	Yes! How old is Sazae? I'm 27 years old.
児童：	あっ，年齢か！
児童：	25? / 30? / 27?
教師：	She is 24 years old.

2 サザエさん一家の年齢を考える。(5分)

カツオ，ワカメ，タラオ，マスオ…と年齢を聞いていきながら，磯野フネのイラストを見せて，年齢を考えさせましょう。

教師：Who is this?
児童：Fune.
教師：Yes! How old is Fune?
児童：65?
教師：65 years old? O.K. Talk in pairs.
児童：(ペアと年齢を想像する)
教師：How old is Fune?
児童：She is 62 years old.
教師：62 years old? The answer is... about 50 years old.
児童：え〜〜？
　　　　(その後，波平の年齢を聞いていきます)

Tips! キャラクターの設定を英語授業に利用する

授業のネタは，私たちの周りに転がっています。児童の興味関心を引きそうなネタを探し出すことから教材研究が始まります。

① フグ田サザエ	24歳	⑧ちびまる子ちゃん（さくらももこ）	8歳
② 磯野カツオ	11歳	⑨さくら友蔵	76歳
③ 磯野ワカメ	9歳	⑩野原みさえ	29歳
④ フグ田タラオ	3歳	⑪野原しんのすけ	5歳
⑤ フグ田マスオ	28際	⑫鉄腕アトム	9歳
⑥ 磯野波平	54歳	⑬ミッキーマウス	91歳
⑦ 磯野フネ	50ン歳		

＊原典によって若干異なる場合があります。
＊ミッキーは1928年に生まれ。2019年現在は91歳となります。

Chapter 1 子供の心をギュッとつかむ！導入で使える授業パーツ

㉜ 今日は何の教科がある？

> **5年**
> **基本表現** What do you have today? / We have P.E....
> **目　標** 何の教科を勉強するか尋ねたり，答えたりすることができる。
> **時　間** 15分　　**準備物** 色々な教科の教科書

活動の概要

英語授業では，「基本表現」を教える時には，それに伴う「語彙」も同時に扱わなければいけません。教科名の導入では教科書を見せて教科名を尋ねたり，好きな教科を尋ねたりしながら行います。

活動の手順

1 教科名の語彙を導入する。（5分）

教科書を見せながら，教科の名前を指導していきます。

　教師：（音楽の教科書をカバンから出し）What subject is this?
　児童：Music.
　教師：Yes! How about this? What subject is this?（英語の教科書を見せて）
　児童：English!
　教師：What subject is this?（国語の教科書を見せて）
　児童：???
　教師：Japanese.
　児童：Japanese.
　教師：What subject is this?（保健の教科書を見せて）
　児童：P.E.!

2 児童と Small Talk をする。（5分）

好きな教科を児童に尋ねていきながら，教科名について慣れ親しませます。

Small Talk 1

> 教師：I like English and math. What subject do you like?
> 児童：I like P.E.
> 児童：I like music.
> 児童：I like arts and crafts.
> 教師：What subject do you like, Aya?
> あや：I like math and social studies.

3 今日は何の授業がある？というやり取りをする。（5分）

時間割表を黒板に貼り，What subjects do you have today?（今日はどんな授業がありますか）と，児童とやり取りをする。

Small Talk 2

> 教師：What day is it today?
> 児童：Tuesday?
> 教師：Yes.（時間割を指す）On Tuesday, **what subjects do you have?**
> 児童：Japanese, math, social studies, English, P.E. and music.
> 教師：We have Japanese, math, social studies, English, P.E. and music.

Tips! 場面を示し，意味理解を促進する

What subject do you have? と児童に質問するのと，時間割表を指さしながら，What subject do you have? と言うのでは，後者の方が What subject do you have? の意味理解は促されるでしょう。言葉は，場面や状況と合わせて導入することを常に考えながら，授業づくりをしていきましょう。

Chapter 1　子供の心をギュッとつかむ！導入で使える授業パーツ

㉝ 何時に起きるの？

5年	**基本表現** What time do you get up? / I get up at six.	
	目標 1日の行動について尋ねたり，答えたりすることができる。	
	時間 15分　**準備物** 写真（教師の1日の行動写真）	

活動の概要

　デジカメで自分の行動を写真に撮ります。それをパワーポイントでスクリーンに映し出しながら，淡々と見せていきます。途中で，時間がわかるように，時計盤もカメラに収めます。

活動の手順

1　写真で導入する。（5分）

　朝起きる場面を写真で見せます。まず，5時の時計を映し，次に背伸びして布団から起き上がっている自分の姿を見せます。

Small Talk

教師：Look at the clock.（5時を示す時計）It's five o'clock.
　　　（背伸びして起きる自分の写真）I usually get up at five.
　　　I wash my face.　I read newspaper. I watch news on TV.
　　　At 5:30.（5時半の時計）I usually eat breakfast at 5:30.
　　　At 6:15.（6時15分の時計）I always leave my house at 6:15.
　　　At 7:00.（7時の時計）I go to school at 7:00.
　　　At 8:00.（8時の時計）I welcome you!

2 語彙と内容を確認する。（5分）

教師：どんな話だった？
児童：先生の朝起きてから学校に行くまでの行動。
教師：何時に起きるって？
児童：5時。
教師：みんなは何時に起きる？
児童：6時！
教師：起きるって英語で何て言うかな？
児童：Get...??
教師：（自分の起きる場面の写真を黒板に貼り）Get up.

このように，内容を確認するとともに，Small Talk で使った語彙を指導していきます。また同時に，① get up ② eat breakfast ③ leave home ④ go to school の4つの写真を黒板に貼っていきます。

3 基本表現を確認する。（5分）

教師：What time do you usually get up?
児童：I get up at 6.
教師：What time do you usually eat breakfast?
児童：I eat breakfast at 6:30.

> **Tips!** 知らない友達のことは知りたくなる
>
> 学校に来てから帰るまでは，友達と一緒にいるので新鮮味はありませんが，「朝起きてから家を出る」までや，「家に帰ってから寝る」までの生活になると，児童は友達のことを知りたくなります。インフォメーションにギャップが生まれます。

Chapter 1　子供の心をギュッとつかむ！導入で使える授業パーツ

㉞ ○○は，〜ができるよ！

| 5年 | **基本表現** I can play cup and ball. / My sister can play the piano.
目標「〜できる」という表現を使って人物紹介ができる。
時間 13分　**準備物** けん玉 |

活動の概要

　けん玉を教室に持ち込みます。I can play cup and ball.（私はけん玉ができるよ）と言って，実際にやってみます。うまく玉を乗せたら，I can! と言います。もし失敗したら O.K. I'll try. と言って，もう一度やって見せます。

活動の手順

1 モノで導入する。（5分）
　けん玉を実際にやってみます。大皿から中皿，小皿，とめ剣とやっていき，演出しながら，児童への興味付けを行いましょう。

Small Talk

教師：What's this?
児童：けん玉！
教師：Yes. But how do you say "けん玉" in English?
児童：I don't know.
教師：This is a cup. This is a ball. So we can say it "cup and ball".
　　　I can play cup and ball. O.K. I'll try 大皿. Look at me.
教師：（成功する）Hey! I can play cup and ball.

2 児童にけん玉をやらせてみる。（5分）

　　教師：Does anyone want to try?
　みゆき：やりたい！
　　教師：Yes. Come to the front. Miyuki, can you play cup and ball?
　みゆき：Yes.
　　教師：O.K. Which do you want to try, 大皿，中皿，小皿 or とめ剣？
　みゆき：大皿。
　　教師：All right. Give it a try.（児童がやって，見事成功する）
　　教師：Great! You can play cup and ball.

　数名の児童にやらせ，成功したら，can を強調して，○○ can play cup and ball. と言います。失敗したら，Nice try!（いい挑戦です）One more try?（もう一度やってみる？）と促し，数回は挑戦させるといいでしょう。

3 基本表現の確認をし，発音の練習をする。（3分）
　　教師：今日，先生が can, can 言ってたけど，どんな意味だと思う？
　　児童：何か「できた」とか「できる」という意味。
　　教師：そうだね。I can play cup and ball. というのは，「けん玉ができる」という意味ですね。今日の can は，すんごくできなくても，少しでもできれば，I can.... と言って構わないんですよ。発音練習しましょう。

> **Tips!** 体験をさせて，can を導入する
> 　今日の場面は，何かができるということを体験させればよく，例えば，黒板の上の方にジャンプして，Can you touch here? と言ってやらせてもいいし，一輪車を教室に持って行って，尋ねてもいいでしょう。
> 　少しでもできれば，can を使って表現させましょう。

Chapter 1　子供の心をギュッとつかむ！導入で使える授業パーツ

㉟ Where do you want to go?

> **5年**
> **基本表現** Where do you want to go? / I want to go to Italy.
> **目標** 行きたい場所を尋ねたり，答えたりすることができる。
> **時間** 10分　**準備物** 旅行パンフレット

活動の概要

スキットで導入します。最後に必ずオチを用意しておきましょう。

活動の手順

1 スキットで導入する。(5分)

　黒板に実際の旅行パンフレットをたくさん貼っておき，ALTとのスキットで，基本表現を何度も聞かせましょう。

Small Talk

JTE：いよいよ，俺も結婚か〜〜〜。新婚旅行どこにするかな？
　　　あっ！Travel agency だ！　入ってみよう！
ALT：Welcome to USO Travel Agency. Where do you want to go?
JTE：どこに行こうかな？　そうだ！　エジプトにしよう。
　　　I want to go to Egypt. I want to see pyramids.
ALT：Egypt? O.K. I'll check it.（コンピュータで予約を確認する）
　　　Oh, sorry. It's sold out.（エジプトのパンフレットを外す）
JTE：じゃ，やっぱり新婚旅行はハワイだよな。
　　　I want to go to Hawaii. I want to swim in the sea.
ALT：Let me check.... Oh, sorry, it's sold out.

このように，Australia（オーストラリア），Canada（カナダ），Italy（イタリア），England（イングランド），America（アメリカ），Thailand（タイ），Singapore（シンガポール）と聞いていくが，どれも Sold Out（売り切れ）です。仕方なく，日本旅行を考えますが，Okinawa（沖縄），Hokkaido（北海道）も売り切れとのこと。最後に店員が，近くの公園（遊園地）のパンフレットを取り出し，How about this?（これなんかどうですか？）と勧めてきますが，That's O.K. と言って，店を出ます。よくよくお店の看板を見てみると，「USO（うそ）旅行会社」とあります。

2 基本表現と発音の確認をする。（5分）

教師：新婚旅行に行きたかったんだけど，「～に行きたい」って，何て言う？
児童：I want to go to….
教師：そうだね。みんなも言ってみましょう。I want to go to どこどこ．
児童：I want to go to どこどこ．
教師：Where do you want to go, Kenta?
けんた：I want to go to Canada.
教師：Canada? That's nice. It's a beautiful country.

Tips! 世界を知り，英語学習のモチベーションアップを

今回の基本表現は，さほど難易度は高くありませんし，世界の国々を扱うので，児童も夢を持って授業に臨みます。また児童のゴールとしては，

A：Where do you want to go?
B：I want to go to Italy.
A：Why?
B：I want to see ピシャの斜塔．

の2往復ができれば，ねらいが達成されたと考えてよいでしょう。

Chapter 1　子供の心をギュッとつかむ！導入で使える授業パーツ

㊱ Hot Cold ゲームから道案内へ

5年
- **基本表現** Where is the station? / Go straight. / Turn right.
- **目標** 簡単な道案内をすることができる。
- **時間** 30分　**準備物** 宝物（パペット等）

活動の概要

外国の遊びに，Hot Cold ゲームというのがあります。何かを隠し，鬼がその場所に近づいたら，Hot Hot Hot と言い，鬼がその場所から遠ざかったら，Cold Cold Cold と言いながら，物の在りかを教えていくゲームです。

活動の手順

1 ゲームで導入する。(15分)

Hot Cold ゲームで，道案内の導入とします。

ゲームの説明

教師：Now, we are going to play "Hot Cold" game.
　　　　Do you know this game? We want one *it, oni.*
　　　　Who wants to be an *it*? 鬼やりたい人？
児童：鬼って何するの？
教師：Find the treasure. 宝物を見つけに行きます。
　　　　この Kelly を教室のどこかに隠すから，探します。
　　　　ヒントは，宝物に近づいたら，Hot Hot Hot. と言います。
　　　　遠ざかったら，Cold Cold Cold. と言います。
　　　　そのヒントで，Kelly がどこにいるか当てるゲームです。

鬼がやりたい人が決まったら，鬼は廊下に出ます。その間に，Kelly（宝物）を教室のどこかに隠します

> **教師**：ここでいい？　O.K.?　じゃ，みんなで「入っていいよ」と言いましょう。「入っていいよ」って，英語で何て言うんだろう？
> **児童**：？？？
> **教師**：You can come in. と言います。この間，習った can を使って，You can come in! と言います。じゃ，せーの。
> **児童**：You can come in!

鬼が入ってきて，宝物に近づいていったら，Hot Hot Hot. と言います。離れていったら，Cold Cold Cold です。

2 基本表現を確認し，発音練習をする。（15分）

> **教師**：今，みんなは，Hot と Cold という言葉で，宝物の在りかを教えていきましたが，今度は，4年生でもやった，「まっすぐ行って！」（Go straight.）「右曲がって」（Turn right.）「止まって」（Stop.）「左側にあるよ」（It's on your left.）という4つの表現で，宝物の在りかを教えてあげましょう。

ここで，道案内表現の学習に入ります。

Tips! **英語ゲームから本時のねらいへ**

Hot Cold ゲームは，男子対女子のチーム戦にしてもいいです。時間制限内に，どちらのチームが早く宝物を探せたか競います。その後は，道案内表現を使って，鬼に Go straight. Turn left. Stop. It's on your right. のように伝え，遊びながら道案内表現に慣れ親しませるとよいでしょう。

Chapter 1　子供の心をギュッとつかむ！導入で使える授業パーツ

㊲ What would you like?

5年	基本表現	What would you like? / I'd like spaghetti.
	目標	何が食べたいか尋ねたり，答えたりすることができる。
	時間	20分　　準備物　イラスト

活動の概要

　ALTとのスキットで，普段使っているカタカナが，英語だととんでもない意味になってしまうことに気づかせながら，基本表現を導入します。

活動の手順

1 スキットで導入する。（10分）

　ALTとスキットを演じます。

Small Talk

HRT：おっ〜〜。お腹がすいてきた。I'm hungry. あっ！レストランだ。
店員：Hello. How many people?
HRT：人数を聞いているんだな…。One!
店員：What would you like?
HRT：何にしようかな〜〜〜。
　　　O.K. First, I'd like ライス.
店員：Lice? Do you eat lice?
HRT：Yes. I eat ライス every morning. I like ライス .
店員：O.K. You eat lice? We have no lice.
HRT：え〜〜ないのかよ。じゃ，パンでいいや！ I'd like pan, please.

82

と続き，今度は，日本語で言うパンは，英語では，pan となり，「この人はフライパンを食べるのか？」という展開に持っていきます。

よって，児童に理解しやすいように，スクリーンに，注文するものを写真等で写していくといいでしょう。もちろん，最後はアメリカンドッグ（American dog ＝アメリカ犬）で終えるといいでしょう。

2 基本表現を確認し発音練習をする。(10分)

スキットで使った「日本語と英語で言い方が違う食べ物」（フライドポテト＝ French fries あげ芋）や「発音が少し違う単語」（プリン＝ pudding）等を取り上げ，正式な表現や発音を確認します。その後 What would you like?（何を食べたい？）と児童に質問し，I'd like spaghetti. 等で答えさせていきます。

教師：What would you like?
児童：I'd like spaghetti.

Tips! カタカナ英語には要注意！

和製英語で，シュークリーム＝ shoe cream は「靴磨き」という意味になり，本当は，cream puff と言います。また，「ハンバーグ」は，ハンブルグ式のステーキと言い，英語では hamburger steak と言います。ちなみにホットケーキ（hot cake＝熱いケーキ）は，pan cake ですね。

Chapter 1 子供の心をギュッとつかむ！導入で使える授業パーツ

㊳ ○○が得意です！

5年	**基本表現** I'm good at cooking.	
	目標 得意なことを言うことができる。	
	時間 25分　**準備物** イラスト，Who am I クイズ	

活動の概要

いきなり I'm good at.... と投げかけても，場面や状況がわからないと何を言っているのかわからないので，Who am I クイズで発話の状況を作りながら聞くことに意識を向け，基本表現の導入と活用を促していきましょう。

活動の手順

1 クイズで導入する。（15分）

スクリーンに Who am I と映し，4問ほど問題を出していきます。

Small Talk

教師：I'll give you "Who am I Quiz". If you find the answer, raise your hand quietly.（答えがわかったら，黙って手を挙げます）
Who am I quiz No.1. I'm an anime character. I'm a boy.
I'm good at playing cat's cradle.

児童：Cat's???

教師：Yes. Cat's cradle. I'm good at playing... cat's cradle.
（と言いながら，あやとりをするジェスチャー）
I'm not good at sports. I can't play baseball well.
My birthday is August 7th. I wear glasses.

84

ここでの大きなヒントは,「あやとりが得意である」ということと,以前やった「誕生日（8月7日）」「運動は苦手」「野球はうまくない」というところがポイントになります。

　　　教師：What's the answer?
　　　児童：のび太！
　　　教師：Yes. どこでわかった？
　　　児童1：男の子で,あやとりが得意なアニメキャラクター。
　　　児童2：誕生日が8月7日。
　　　教師：あやとりが得意って,何て言っていた？
　　　児童：I'm good... cat's?
　　　教師：I'm good at playing cat's cradle.
　　　　　　O.K. Quiz No.2.
　　　　　　（と言って,Who am I クイズをあと3問程出す）

2 基本表現を確認し発音練習をする。（10分）
　児童の得意なものを尋ねていきます。
　　　教師：What are you good at?
　　　児童：I'm good at....
　　　教師：Good at judo?
　　　児童：Yes. I'm good at judo.

> **Tips!** 担任だからこそ,児童理解もできる
>
> 　自己肯定感は,自分の良さに気づくところから始まります。担任だからこそ,児童の得意な分野に気づくことでしょう。児童に「あなたの得意なところはここだね」と気づかせていきましょう。教科専科であれば,担任に Who's good at playing the piano? のように聞くと場面が作られます。

Chapter 1 子供の心をギュッとつかむ！導入で使える授業パーツ

㊴ 自己紹介しよう

6年
- **基本表現** My name / I'm from / I like / I can / My birthday...
- **目標** 既習表現を整理して，自己紹介をすることができる。
- **時間** 7分　**準備物** 自己紹介用画用紙

活動の概要

　自己紹介用の画用紙を用いて，教師の新しい一面を，児童に伝えられるような自己紹介をしましょう。

活動の手順

1 イラスト（自己紹介用の画用紙）で導入する。（5分）
　自己紹介用の画用紙をめくりながら，自己紹介していきます。

Small Talk

教師： Hello.My name is Hiroto Takizawa. H-i-r-o-t-o T-a-k-i-z-a-w-a.
（と画用紙に書いてあるスペリングを見せる）
When I was a child, my nicknames were Hiro-tan, Hippe, Tacky, taki-chan. I've had many nicknames.
I like *soba* and *katsudon*. But my favorite food is *natto*.
My birthday is January 19th. I want a coffee maker. I like coffee.
I can play *kendama* and ski. I am good at skiing.
I have no pets. I don't like animals.
My favorite color is yellow. It's a bright color.
I like traveling all over the world. I want to go to Canada.

このように，できるだけの既習事項を入れ，その後の児童の自己紹介の柱になるように，導入して示すようにします。

　ここでは，①名前　②スペリング　③ニックネーム　④好きな食べ物　⑤誕生日　⑥欲しい物　⑦できること　⑧得意なこと　⑨動物　⑩色　⑪行きたい国　等を扱いました。

2 既習事項を確認する。（2分）

　児童に色々質問しながら，既習事項の振り返りと確認を行っていきます。

　　教師：What's your name?
　まゆみ：Mayumi.
　　教師：How do you spell your name?
　まゆみ：M-a-y-u-m-i.
　　教師：When is your birthday, Kenta?
　けんた：My birthday is June 2nd.
　　教師：What sports do you like, Akari?
　あかり：I like basketball.
　　教師：Are you good at basketball?
　あかり：Yes. I can play basketball.

Tips! 既習内容を整理してあげるのも教師の仕事！

　児童は小学校3年生から，4年・5年と3年間で，計140時間の英語授業を経験してきます。6年生の最初では，今までに学習してきたことを，自己紹介という形で既習表現を整理し，新たなスタートを切らせたいです。また，6年生になると本格的に，児童同士のSmall Talkを行うようになります。きめ細かなステップでSmall Talkが続けられるよう，指導に工夫を重ね，繰り返し指導していきましょう。

Chapter 1　子供の心をギュッとつかむ！導入で使える授業パーツ

㊵ 地域・日本を紹介！

6年	**基本表現** In summer, we have a festival. You can enjoy....
	目　標 地域や日本を紹介をすることができる。
	時　間 15分　**準備物** 夏祭りのスライド

活動の概要

　今回の基本表現では，東北の夏祭りを北から順に，青森（ねぶた），秋田（竿燈），山形（花笠），宮城（七夕）と紹介していき，導入とします。

活動の手順

1 写真で導入する。（5分）

　東北の夏祭りを話材に，We have.... You can enjoy.... の導入をします。

Small Talk

教師：Look at this picture. These are Tohoku summer festivals.
　① We have *Nubuta* (*Neputa*) Festival in Aomori. You can enjoy watching big warrior floats（山車）from August 2nd to 7th.
　② Now, go to Akita. We have *Kanto* Festival. You can enjoy watching lanterns and acrobats（曲芸）. It is held from August 3rd to 6th.
　③ We have *Hanagasa* Festival from August 5th to 7th. You can enjoy dancing "*Hanagasa*-dance". You can dance yelling, "Yassho, makasho!"
　④ We have *Tanabata* Festival. You can enjoy big bamboo trees in Sendai from August 6th to 8th. You can enjoy watching beautiful stars.

Small Talk の後，児童と Small Talk をしていきましょう。

教師：Which festival do you want to go to?
　　　　Nebuta, Kanto, Hanagasa or *Tanabata*?
児童：I want to go to *Nebuta*.
教師：Why?
児童：It's beautiful. I want to see big... 山車.
教師：Floats?
児童：Yes. I want to see big floats.

2 基本表現の確認をする。(10分)

基本表現の取り出しを行います。

教師：今日は，地域のことを英語で紹介してみましょう。
　　　　先生は，東北のお祭りを，どんな英語で紹介していたかな？
　　　　何か聞き取れた英語あった？　隣の人と確認してみて。
児童：(隣の人と英語の確認)
教師：少しでもいいから，こんな英語言っていたかな…でいいです。
児童：You can enjoy....
児童：August...???
児童：We have... festival.
教師：そうだね。

Tips! **調べることで教師のよい教材研究となります**

　英語の授業で，ある題材について指導しようとすると，どうしても事前に題材について調べなくてはいけません。しかし，その調べる中で，教師にとっても今まで知らなかったことを深く知るチャンスでもあります。

Chapter 1　子供の心をギュッとつかむ！導入で使える授業パーツ

㊶ 食べ物と味

6年
- **基本表現**：This is *umeboshi*. It's very sour.
- **目標**：食べ物とその味について説明することができる。
- **時間**：15分
- **準備物**：味を表す絵カード

活動の概要

既習事項の What Japanese food do you like? という表現を使って，児童へ質問しながら，味の表現を導入していきましょう。

活動の手順

1 児童との対話で導入する。（5分）

食べ物をテーマに児童との Small Talk を行いましょう。

Small Talk 1

教師：What Japanese food do you like?
児童：I like *sushi*.
教師：Why?
児童：It's delicious.
教師：Yes. It's delicious. I like *sushi* too. How about you, Maki?
まき：I like *sushi*. But I like *yu-dofu* too.
教師：I like eating *yu-dofu* in winter too. Why do you like *yu-dofu*?
まき：It's 健康によい．
教師：It's healthy.
まき：It's healthy.

今回の味の表現では，次のような単語を扱います。

① delicious（おいしい）　② sour（酸っぱい）③ sweet（甘い）
④ bitter（苦い）⑤ healthy（健康によい）　⑥ tasty（味がよい）
⑦ juicy（みずみずしい）

イラストと共に，味を表現する言い方を視覚的に示せるように，絵カードを準備しておきましょう。

2 基本表現の確認をする。（10分）
話材を替え，果物を扱うのもいいでしょう。

Small Talk 2

> 教師：I like strawberries. They are sweet. What fruit do you like?
> 児童1：I like apples.
> 児童2：I like pineapples.
> 教師：What fruit do you like, Satoshi?
> さとし：I like bananas. They are sweet.
> 教師：Yes, They are sweet.

少しずつ，教師から質問されるのを待つのではなく，自分から進んで説明をつけ加えたり，詳しく言ったりするように指導していきましょう。

Tips! 1文から2文へ
Small Talk が長く続くようにするためには，対話のストラテジーを教えなくてはいけません。例えば，「質問に答えたら，もう1文足そうね」というのも対話を長く続ける方法となります。

Chapter 1　子供の心をギュッとつかむ！導入で使える授業パーツ

㊷ 私の町を紹介します！

6年	**基本表現** We have a big park. / We don't have *onsen*.	
	目　標 自分の町にあるものやないものを言うことができる。	
	時　間 10分　**準備物** 行事の写真やイラスト，ワークシート	

活動の概要

　児童と住んでいる町が異なっていれば，自分が住んでいる町を英語で紹介しましょう。もちろん写真を使って，視覚にも投げかけながら，ゆっくりと英語で語りかけましょう。

活動の手順

1 写真で導入する。（5分）

　住んでいる町の様子を写真や Google Earth を使って，児童に語ります。

Small Talk

教師：Where do you live? I live in Ogano. I come to school by car.
It takes 20 minutes from my house to this school.
In Ogano town, **we have** *onsen*. I like *onsen* very much.
I often go to *onsen* on Friday night.
We have a big park too. It is Muse Park.
We have long roller sliders, swings, a swimming pool and a concert hall. **We can enjoy** a nice view. We don't have any train stations. So we go to Chichibu by car or by bus. We want some train stations. We have no movie theaters.

92

2 内容を確認する。(3分)

　Small Talk の後,次のようなワークシートを配り,振り返りをさせていきましょう。

　教師：ワークシートを見て,教師の住んでいる町にあるものは○,ないものは,×を書いていきましょう。

【ワークシート】 Class (　　　) Name (　　　　　　)						
	温泉	公園	プール	駅	映画館
先生の住んでいる町					
みんなの住んでいる町					
他に町にあるものや,欲しいものを書いてみよう					

3 基本表現の確認をする。(2分)

　教師：町に「ある」「ない」って,どんな風に英語で言っていた？
　児童：We have....
　児童：We don't have....　　**児童**：We have no....
　教師：そうですね。じゃ,町に欲しいものがある時は？
　児童：I want....

Tips! 導入から展開へのスムーズな流れを意識して

　あくまでも,導入は展開につながるように持っていきます。今回のワークシートで,聞き取りをさせた後には,児童の町にあるもの,ないものを記入させ,その他に町にあるものや欲しいものも書かせていきましょう。

Chapter 1　子供の心をギュッとつかむ！導入で使える授業パーツ

㊸ 夏休みの過ごし方

> **6年**
> **基本表現** What did you do during the summer vacation?
> **目　標** 夏休みについて尋ねたり，答えたりすることができる。
> **時　間** 15分　　**準備物** 教師の夏休みの写真

活動の概要

　約30日間以上ある夏休み，児童がどのように過ごしたかは大変気になるところです。そこで，夏休みの出来事について，What did you do during the summer vacation? という質問で，Small Talk していきましょう。

活動の手順

1 写真で導入する。（5分）
　パワーポイントで写真を提示しながら，夏休みの思い出を簡単な英語で語りかけます。

Small Talk

> 教師：What did you do during the summer vacation? I like traveling.
> 　　　This summer, **I went to England** with my daughter.
> 　　　We went to Lake District. It was really beautiful.
> 　　　**We saw many sheep** and we saw Peter Rabbit there.
> 　　　They were really cute.
> 　　　**I enjoyed watching swans** by the lake. It was exciting.
> 　　　We ate fish and chips. They were so big. I was full.
> 　　　We had a good time there.

2 内容を確認する。(10分)

次のようなワークシートを配り,振り返りをさせていきましょう。

【ワークシート】 Class (	) Name (		)
	行ったところ （やったこと）	見たもの	楽しんだこと	食べたもの
先生				
みんな				

他にも夏休みの思い出を書こう。
_____
_____

教師：ワークシートを見て,夏休みに教師が行ったところ,見たもの,楽しんだこと,食べたものを,思い出して書いてみましょう。

どこにも行っていない児童には,たとえ近くでも,どこかに買い物に行ったとか,ボーリングしたとか,映画を見たとか,サッカーをしたとか,何か話材を探してあげましょう。

Tips! 児童の夏休みの生活に配慮をする

教師が一番悩むところは,夏休みにすべての児童がどこかへ出かけているとは限らないということです。中にはどこにも連れて行ってもらえず,悲しい思いをしている児童もいるかも知れません。そこを上手に児童の様子を見ながら,授業は進めなくてはいけないでしょう。

そこで,「どこに行った」という話題の代わりに,「何をした？」ということも含めて,その後の言語活動に取り組ませていきましょう。

Chapter 1 子供の心をギュッとつかむ！導入で使える授業パーツ

㊹ 何が見たい？

> **6年**
> **基本表現** What do you want to watch? / I want to watch sports.
> **目標** 見たい番組を尋ねたり，答えたりすることができる。
> **時間** 15分　**準備物** テレビ番組表

活動の概要

　身近な話題で導入するため，教室にテレビ番組表を持って行って，児童に尋ねてみましょう。

活動の手順

1 テレビ番組表で導入する。（5分）

Small Talk

> 教師：What day is it today?
> 児童：It's Wednesday.
> 教師：Today, we have a drama at 9:00 p.m. I want to watch the drama.
> 　　　Kimutaku is the main character. I like him.
> 　　　What do you want to watch on TV?
> 児童：今日，何があったっけ？
> 児童：有○のバラエティがあるよ。
> 児童：音楽番組。
> 教師：What do you want to watch on TV?

　このように，テレビの話題で，「何が見たい？」と持っていき，意外とど

んな番組をやっているかわからないので，ここでテレビ番組表を配ります。

教師：This is today's TV program. Look at this and make circles around TV programs you want to watch tonight.
（今晩，見たい番組を○してごらん）
児童：おれ，これ，ぜってい（絶対）見るぜ！
児童：録画して，塾から帰ってきたら見るかな…。

2 基本表現を確認する。（10分）
既習事項を入れながら，基本表現の確認をしましょう。

教師：Can I ask you questions? I want to watch a drama. What do you want to watch, Yoshiko?
よしこ：I want to watch "Spider-Man".
教師："Spider-Man"?
よしこ：Yes. I like "Spider-Man".
教師：What time do you usually go to bed?
よしこ：I usually go to bed at 11:30.
教師：Oh, so late. What time do you get up?
よしこ：I get up at 6:30.
教師：At 6:30? So you sleep for 7 hours.

> **Tips!** 「身近で簡単な事柄」を大切にする
> 　学習指導要領で私が大切にしたいキーワードに「身近で簡単な事柄」というのがあります。できるだけ児童には，初発の話題を投げかける時に，児童の身の回りの内容を取り上げ，興味・関心を引くことを考えます。

Chapter 1 子供の心をギュッとつかむ！導入で使える授業パーツ

㊹ My Best Memory

6年
- **基本表現** What's your best memory? / It's my school trip.
- **目標** 小学校での思い出を尋ねたり，答えたりすることができる。
- **時間** 15分　**準備物** 教師の子供の頃の写真

活動の概要

　教師の子供の頃の話は，児童にとって興味深く，知りたがるものです。
　また，身近な大人の人がどのように育ってきたのかを知ることで，児童は将来の目標や夢を感じるものです。今回は，教師の子供の頃の写真を見せながら，学校の思い出を語りましょう。

活動の手順

1　写真で導入する。（5分）

　パワーポイントで，自分の小学生の頃の写真を見せ，Do you know who this is? It's me. と言うと，児童から「え〜〜〜」という声があがるでしょう。小学校からの思い出を写真とともに語っていきます。

Small Talk

> **教師**：This is a picture when I was an elementary school student.
> On the sixth grade（6年生），we went to Nikko on our school trip. I enjoyed playing cards with my classmates. We saw a famous waterfall. It's the Kegon Falls. It was so big! We ate *sukiyaki* for dinner.　I really had a very good time.
> This is my best memory in the elementary school.

続けて，中学校での一番の思い出を語ってみましょう。

教師：This is a picture when I was a junior high school student.
I was a member of the soccer club.
We went to summer camp to Chiba prefecture.
We went to the sea and enjoyed swimming.
We ate delicious seafoods there.
We played soccer games against a team in Chiba.
We won two games and we lost one game. I had a good time.

高校での思い出を続けて…。

教師：This is a picture when I was a high school student.
We went to Oshima Island by boat. It was the first time to go to Oshima.
So I was excited. Can you see where I am? I am playing the guitar. We enjoyed singing by the sea. It was a good memory.

2 基本表現を確認する。（10分）

教師：What's your best memory?
児童：School trip.
教師：What's your second best memory?
児童：Sports day.

Tips! 教育は意図的な営みである

夏休みの思い出で使った表現を繰り返し扱うようにします。そうすることで，学習した表現で言いたいことが言えるということに気づかせます。

㊻ 将来の夢は？

> **6年**
> **基本表現** What do you want to be? / I want to be a doctor.
> **目標** 将来の夢を尋ねたり，答えたりすることができる。
> **時間** 15分　**準備物** 教師の子供の頃の写真，夢のイラスト

活動の概要

　教師の幼い頃からの夢を語り，今も夢があることを児童に示しましょう。前回の教師の学校での思い出と同様に，教師がどんな夢を持って現在に至っているのかを語ることは，児童の夢生産へのヒントとなるでしょう。

活動の手順

1 写真で導入する。(10分)

　パワーポイントで，幼稚園の頃からの夢を順に追っていき，最後に教師の現在の夢を語りましょう。

Small Talk

> 教師：Hi. Today let's talk about dream.
> 　　　This is a picture when I was a kindergarten student.
> 　　　I wanted to be a baker. (写真のそばに，パン屋のイラスト)
> 　　　I like bread, so I wanted to make bread.
> 　　　This is a picture when I was an elementary school student.
> 　　　I like trains. So I wanted to be a train operator.
> 　　　When I was a 5th grader, I liked my homeroom teacher.
> 　　　I wanted to be an elementary school teacher.

その後，中学校，高校での夢を語っていきます。

教師：When I was a junior high school student, I liked math.
So I wanted to be a math teacher.
When I was a high school student, my favorite subject was English. So I wanted to be an English teacher.

最後に現在の夢を語っていきます。

教師：Now I have a dream. I like traveling, so I want to go to Canada and I want to watch beautiful mountains and watch auroras.

と言いながら，今でも夢は持ち続け，生活していることを児童に示します。

2 基本表現を確認する。(5分)

児童とのインタラクションをとりながら，基本表現の確認をしていきます。

教師：What do you want to be?
児童：I want to be... 獣医.
教師：Oh, you want to be a vet? Why?
児童：I like animals.

Tips! 教育とは夢を語ること

初任の時の校長先生から「教育とは夢を語ること」と指導を受けたことがあります。子供たちに夢を持たせ，明るい未来を語り，希望を持たせていくことは，大切なことであると同時に大人になった先生も，今も夢があることを示したいです。

Chapter 1 子供の心をギュッとつかむ！導入で使える授業パーツ

㊼ 中学校での夢を語ろう！

6年
- 基本表現　What do you want to do? / I want to join soccer club.
- 目　標　中学校での夢を尋ねたり，答えたりすることができる。
- 時　間　20分　　準備物　中学校の部活動の写真やイラスト

活動の概要

　児童の中学校生活での楽しみの1つに「部活動」があります。そこで，多くの児童にとって共通の話題になりそうな「部活動」をテーマに，中学校でやりたいことの導入とします。

活動の手順

1 写真で導入する。（10分）

　進学する学校にある部活動をイラストや写真で示し，児童に尋ねていきましょう。学校ホームページには，部活動の紹介ページもありますので，それらを実際に見せてもいいでしょう。

Small Talk

教師：When I was a junior high school student, I joined the soccer club.
　　　What club do you want to join?
児童：Baseball.
教師：You want to join the baseball club?（野球の写真を黒板に貼る）
児童：Yes.
教師：What club do you want to join?

　児童に入りたい部活動を聞きながら，最初は，単語で構わないので，答え

させ，できるだけ多くの部活動の種類が，黒板にあがるようにしたいです。

2 基本表現を確認する。（10分）

教師：今，先生が What club do you want to join? と聞きましたが，どんな意味だろう？
児童：何部に入りたい？
教師：そうですね。
　　　　どうやって答えたらいいかな？
児童：I want to....
教師：Good. I want to join... the soccer...
児童：club.
教師：Yes. Repeat. I want to join the soccer club.
児童：I want to join the soccer club.

その後，児童に質問していき，I want to join the... club. で，答えられるかどうか確認していきます。

Tips! 中学校での夢を，大々的に語ろう

今回は，部活動にテーマを絞り，I want to join the... club. という表現を扱いましたが，最終的には，Let's talk about our dream in junior high school. とし，What school event do you want to enjoy? What do you want to do? 等の質問を投げかけます。そして児童から，I want to enjoy my school trip to Kyoto and Nara. I want to study English. I want to make friends. I want to enjoy sports day. 等，中学校の夢を大々的に語り合いたいものです。

Chapter 2 楽しく理解が深まる！
子供が熱中する展開の授業パーツ

㊽ クラスのみんなと挨拶をしよう！

3年 LT1 Unit1	**基本表現** Hello. I'm Hiro. **目標** 挨拶表現と名前，出身地の言い方がわかる。 **時間** 13分　**準備物** 名簿（人数分）

活動の概要

　自由に立って挨拶をします。その後，名簿を配り，「今，挨拶した友達に〇をしてごらん」と言って，〇をさせます。その後，「まだ挨拶をしていない人と挨拶をしてきましょう。時間は2分です」とすると，より多くの友達と挨拶を交わすようになるでしょう。

活動の手順

1 友達とHello.の挨拶をする。（1分）
　教師：Say "hello" to your classmates.
　教師：Stand up. Let's start.

児童は立って，教室中を歩き回り，Hello.の挨拶を交わします。
この時，教師も児童の中に入って，挨拶を交わします。

2 振り返りをする。（1分）
　教師：できるだけたくさんの人と挨拶をしようとした人？
　　　　　いいかげんにならないで，丁寧にHello.と言えた人？

活動後には，簡単でいいので，振り返りを行います。
質問して，手を挙げさせるだけです。

3 名前を言って，挨拶をする。（2分）

教師：Hello. I'm Hiroto. のように，挨拶の後に名前を言いましょう。児童は立ち歩き，名前を言い合います。

4 振り返りをする。（1分）

教師：たくさんの人に自分の名前が伝えられた人？

5 名簿を配付する。（1分）

教師：今日の日付を上に書き，挨拶をした人に○をしましょう。

	4/12								
相澤たけし									
井上みか									

6 やり方を説明する。（2分）

教師：まだ挨拶を交わしていない友達のところに行って挨拶しましょう。Hello. I'm Hiroto. と挨拶をしたら，相手の人も Hello. I'm ～. と言います。最後に，Nice to meet you. と言って別れましょう。会話をしたら，相手の名前のところに○します。

7 活動を開始する。（5分）

> **Tips!** 活動後には，簡単な振り返りを行いましょう
>
> 活動した後には，簡単に活動の振り返りを行いましょう。Hello. の挨拶の後では，「できるだけたくさんの人と Hello. の挨拶をしようとした人？」のように評価ポイントを明らかにした上で，簡単な振り返りをさせます。簡単な評価を入れると，活動のやりっぱなしにはなりません。

Chapter2 楽しく理解が深まる！子供が熱中する展開の授業パーツ

㊾ How are you?—I'm fine.

3年
LT1 Unit 2
①

基本表現 How are you? / I'm fine.
目標 日常的な挨拶の仕方を知る。
時間 10分　**準備物** 絵カード，ワークシート

活動の概要

　実際に，児童同士で How are you? の挨拶を交わします。聞き取った内容を，ワークシートに記録していくようにします。

活動の手順

1 絵カードで語彙を確認する。(2分)
　教師：How are you?（と言って，元気なカードを見せる）
　児童はその絵に応じて，I'm fine. のように言います。

2 ワークシートを配る。(1分)

3 やり方を説明する。(2分)
　教師：友達に How are you? と挨拶します。
　　　　　相手が，I'm good. と答えたら，good の下に，名前を書いておきます。できるだけたくさんの人とやりましょう。
　質問があれば，質問を受け付けるようにします。

4 活動する。(5分)
　教師：Stand up. Let's start.

【ワークシート】 Class (　　　　) Name (　　　　　　　　)

いろんな人とあいさつをかわそう！

fine	great	good	happy
例）まゆみ	例）けんた	例）さゆり	例）ちなみ

ひとくちメモ

　日本では，人が出あったとき「いい天気ですね」と天気を話だいにすることがあります。それと同じように，英語では，かならずといっていいほど，How are you?（元気ですか？）と，たずねてきます。みんなも外国人にあったら，How are you? というあいさつをするようにしましょう。

Chapter2 楽しく理解が深まる！子供が熱中する展開の授業パーツ

㊿ 体調や感情を表す表現

3年
LT1 Unit 2
②

基本表現 I'm sad. / I'm hungry. / I'm tired. / I'm sleepy.
目標 感情や体調の表し方について知る。
時間 25分　**準備物** 絵カード，得点カード

活動の概要

2つのものを選び，交差したところのポイントがもらえるというポイントゲームです。体調や感情を表す表現に慣れ親しませます。

活動の手順

1 絵カードで語彙を確認する。（5分）

【語彙】
・sad（悲しい）　・tired（疲れている）　・sleepy（眠い）
・hungry（お腹がすいている）　・angry（怒っている）　・happy（幸せ）
・good（何とか元気）　・great（すごく元気）　・fine（元気）
・thirsty（のどがかわいている）

2 1ポイントゲームをする。（20分）

2チーム作ります。
AチームがBチームに How are you? と聞きます。
Bチームの誰かが，例えば「I'm hungry and sleepy.」と言います。
hungry と sleepy の交差したカードを表にすると得点がでます。
交差したところに30とありますので，Bチームに30点が入ります。
次にBチームがAチームに How are you? と聞きます。
Aチームの誰かが立って，「I'm great and sad.」と言います。

「えっ？ 元気で悲しいか…」と言いながら，カードを表にします。
100点が出ると，万歳して「ヤッター」と言うでしょう。
このように，交互に尋ねていき，得点を競うゲームです。

（板書）

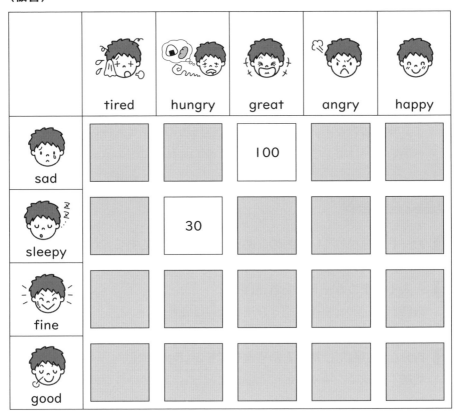

> Tips! **得点カードに工夫を入れる**
>
> 得点カードに工夫を入れ，「×2」は，今までの得点の2倍になるカードや，「×3」は3倍。また，AチームとBチームの得点が入れ替わる「←→」カードも忍び込ませておくと，非常にゲームが盛り上がります。

51 同じ数，持っている友達を探そう

3年
LT1 Unit 3
基本表現 How many dogs? / Three dogs.
目標 数を尋ねたり，答えたりする表現について理解する。
時間 10分　**準備物** カード

活動の概要

児童に1人1枚ずつカードを配り，自分と同じ数だけ持っている友達を探します。6種類のカードがありますので，当たる確率は6分の1で，6人くらいに聞いていけば，1人くらいは探し当てられるでしょう。

活動の手順

1 カードに描かれているものをあらかじめ確認しておく。(3分)

2 1人1枚ずつカードを配る。(2分)
　教師：カードは友達と見せ合ってはいけません。

3 自分と同じ数だけ持っている人を探す。(5分)
　教師：友達に，How many dogs? などと質問していきながら，自分のカードに描いてあるものと，まったく同じ数，持っている人を探し当てます。
　何人探せるかやってみましょう。
　時間は5分間です。

カード

52 私の好きなもの！

3年
LT1 Unit 4
①

基本表現 I like blue.
目標 自分の好きなものを相手に伝える。
時間 18分　　**準備物** ワークシート

活動の概要

　カテゴリー（色，果物，飲み物，食べ物）の中で，それぞれ好きなものを決めて，伝え合う活動を行います。最初は，教師の好きなものの聞き取りから行うと，どのようにやるのかわかりやすいかと思います。

活動の手順

1 ワークシートを配る。（2分）

2 教師の好きなものを聞き取って，表に書き入れる。（3分）
　教師：好きなものを英語で言います。
　　　　　聞き取って表に書いていきましょう。

3 自分の好きなものを書き入れる。（3分）
　教師：自分の好きなものを表に書きこみます。

4 友達と好きなものを伝え合う。（10分）
　教師：Make pairs. Do *janken*.
　　　　　ジャンケンに勝った人は立って，自分の好きなものを言います。聞き取って，書いていきましょう。

[ワークシート] Class (　) Name (　)

私の好きなものは？

	color	fruit	drink	food
先生				
自分				
①				
②				
③				

(53) みんなの好き嫌いはな～に？

3年 LT1 Unit 4 ②	基本表現 I like carrots. / I don't like eggplants. 目標 好きなもの，好きではないものを相手に伝える。 時間 18分　準備物 ワークシート

活動の概要

否定文が使われる場面を意図的に作るのは結構難しいものです。本人が思っていないことを言わせるもの不自然ですので，嫌いが出そうな野菜にしてみました。

活動の手順

1 ワークシートを配る。（2分）

2 教師の好きなもの，嫌いなものを聞き取る。（3分）

教師：先生の好きなもの，嫌いなものを英語で言います。好きなものには○，好きでないものは×を書いていきましょう。
I like carrots. I don't like bitter melons....

3 自分の好きなもの，嫌いなものを○×で書き入れる。（3分）

教師：自分の好きなものには○，好きでないものは×を書きましょう。

4 友達と好きなものを伝え合う。（10分）

教師：Make pairs. Do *janken*.
ジャンケンに勝った人は立って，好きか嫌いか言っていきます。
好きなものには○，好きでないものは×を書いていきましょう。

【ワークシート】Class (　　　) 　Name (　　　　　　　　)

私のすききらいは？

☆すきなものは，I like…. すきでないものは，I don't like…. で言ってみましょう。

	carrot	bitter melon	pumpkin	tomato	eggplant
先生					
自分					

【自己評価】
①友だちのすきなやさい，すきでないやさいが聞きとれましたか。　Yes　No
②自分のすきなやさい，すきではないやさいが言えましたか。Yes　No

☆友だちとすきなもの，すきじゃないものを伝えあって思ったことや気づいたことを書きましょう！

(　　　　　　　　　　　　　　　　　　　　　　　　　　　　)

54 何回質問したら，当たるかな？

3年
LT1 Unit 4
③

基本表現 Do you like blue? / Yes, I do. / No, I don't.
目標 友達に好きかどうか尋ねたり，質問に答えたりする。
時間 18分　**準備物** 絵カード，ワークシート

活動の概要

友達の好きなものを何回で当てられるか競うゲームです。

活動の手順

1 アクティビティで使う語彙を練習する。（5分）

最初に，絵カードを使って，「野菜」「スポーツ」「色」の語彙を練習しておきます。この時できるだけ発音にも気をつけるようにしていきましょう。

2 ワークシートを配る。（2分）

3 自分の好きなものを1つずつ選び，イラストに○をする。（1分）

教師：野菜の中で1つだけ，好きなものを選ぶとしたらどれを選ぶ？
　　　　それを○してごらん。

4 友達に質問し，何回で好きなものを当てられるかをする。（10分）

教師：友達の好きなものが何回で当てられるでしょうか。
　　　　1回目で当てられれば5点。2回目なら4点。3回目なら3点。
　　　　4回目なら2点。5回目なら1点となります。

【ワークシート】Class (　　　　) Name (　　　　　　　　　)

何回で当てられるかな？

☆友だちのすきなものを，何回で当てられますか？
☆ Do you like ...?　を使って，質問していきましょう。

① やさい

② スポーツ

③ 色

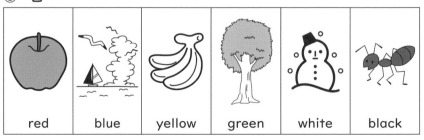

(55) どんな○○が好きですか？

3年
LT1 Unit 5

基本表現 What food do you like? / I like spaghetti.
目　標 どんなものが好きか尋ねたり，答えたりする。
時　間 20分　**準備物** 絵カード，ワークシート

活動の概要

クラスで人気のあるものは何でしょうか。英語で調査しましょう。

活動の手順

1 アクティビティで使う語彙を練習する。（5分）

絵カードで「食べ物」「スポーツ」「色」「果物」の語彙を練習します。発音にも気をつけるようにしましょう。

2 ワークシートを配る。（2分）

3 友達に好きなものを尋ね，ワークシートに絵を描く。（10分）

教師：３年３組では，どんなものが好きなのかな？
友達にインタビューして，調査していこう。
聞き取ったら，簡単に絵を描いたり色をぬったりしようね。

4 振り返りを行う。（3分）

教師：調査してみて，どうでしたか？
英語でしっかり質問できた人？（児童：手を挙げる）
言いたかったけど，言えなかった表現あるかな？

【ワークシート】Class (　　　) Name (　　　　　　　)

すきなもの調査　探検隊

food（たべもの）　　　　　sports（スポーツ）

color（色）　　　　　　　　fruit（くだもの）

☆調査して気づいたことや，言いたかったけど言えなかった表現を書きましょう。

(　　　　　　　　　　　　　　　　　　　　　　　　　　　)

Chapter2 楽しく理解が深まる！子供が熱中する展開の授業パーツ

56 Hi. I'm H.K.

> **3年**
> **LT1 Unit 6**
> **基本表現** I'm H.K. / I'm from Nishi-machi. / I like dodgeball.
> **目標** イニシャルを使って，自己紹介する。
> **時間** 20分　**準備物** ワークシート

活動の概要

ワークシートに自己紹介を書いて，既習事項の振り返りをしましょう。活動後には，ワークシートを集め，Who am I クイズにしてみるのもいいでしょう。

活動の手順

1 ワークシートを配る。（1分）

2 自己紹介を書く。（7分）
　教師：真ん中の□に，自分の名前のイニシャルを書きます。はい，書いてごらん。（児童は書く）次に出身地を書きます。
　　　　好きな食べ物，嫌いな食べ物，好きなスポーツは絵で描きましょう。

3 ペアになって，自己紹介をする。（12分）
　児童はペアになり，机を向かい合わせにします。
　右側の児童は立ち，ワークシートを見せながら，自己紹介します。
　　児童：Hi. I'm Maki Sato. I'm from 2丁目. I like *tofu*....

今度は左側の児童が立って，自己紹介をします。
ペアを替え，数回繰り返します。

【ワークシート】Class (　　　) Name (　　　　　　　　)

英語 de！自己しょうかい！

しゅっしんち　　　　　　　　すきな食べもの

イニシャル

きらいな食べもの　　　　　　すきなスポーツ

Chapter2 楽しく理解が深まる！子供が熱中する展開の授業パーツ

㊼ 英語ゲーム「何が欲しい？」

3年
LT1 Unit 7
基本表現 What do you want? / I want strawberry cake.
目標 欲しいものを尋ねたり，答えたりする。
時間 20分　**準備物** 絵カード，カード

活動の概要

What do you want? を使って，カードゲームをします。欲しいと言われたカードを持っていたら，そのカードを相手にあげるゲームです。

活動の手順

1 英語ゲームで使う語彙を練習する。（5分）
絵カードで，デザート・軽食の語彙を練習し，黒板に貼っておきます。

2 カードを1人5枚ずつ配る。（3分）

3 What do you want? カードゲームを行う。（12分）
自由に立ち歩き，友達とジャンケンします。
ジャンケンに勝った人は，3つ欲しいものを言います。
　児童（負け）：What do you want?
　児童（勝ち）：I want donut, yogurt and parfait.

ジャンケンに負けた人は，欲しいと言われた食べ物を持っていたら，そのカードを相手にあげなくてはいけません。
　児童（負け）：This is for you. Here you are.（持っていない場合は Sorry.）
　児童（勝ち）：Thank you. （持っていなかった場合 That's O.K.）

カード

Chapter2 楽しく理解が深まる！子供が熱中する展開の授業パーツ

58 これな〜に？　What's this?

3年 LT1 Unit 8	基本表現	What's this? / It's a library.
	目標	何であるかを尋ねたり，答えたりする。
	時間	13分
	準備物	ワークシート

活動の概要

地図記号を見せて，What's this?（これな〜に？）と児童は質問します。

活動の手順

1 地図記号が何を示しているか尋ねる。(5分)

比較的簡単な地図記号を見せ，何を表しているか尋ねます。
「What's this?」（児童：It's...郵便局 . / It's a post office.）

〒　鳥居　本　病院（地図記号）

2 地図記号のカードを1人1枚ずつ配る。(3分)

ワークシートは，AとBで違う色の紙に印刷し，Aは男子，Bは女子に渡します。

3 何人知っているか尋ね歩く。(5分)

児童は立ち歩き，地図記号を指しながら，What's this? と尋ねます。何人がその地図記号を言えたか，記号の下に，正の文字で記録します。

【ワークシートA】Class (　　　　) Name (　　　　　　　)

What's this? 〜この地図記号わかるかな？〜

⊗	卍	✕
(蚕)	🏛	○

【ワークシートB】Class (　　　　) Name (　　　　　　　)

What's this? 〜この地図記号わかるかな？〜

◎	Y	◇
☼	🏠	⊥

(59) この人だ～れ？　Who is this?

3年
LT1 Unit 9

基本表現 Who is this? / That's Katsuo.
目　標 誰であるかを尋ねたり，答えたりする。
時　間 15分　**準備物** ワークシート

活動の概要

人物の絵を見せて，Who's this（この人だ～れ？）と児童が質問します。事前に，ワークシートは，宿題として配付しておき，写真や絵などを用意させておきましょう。

活動の手順

1 アニメキャラクター等の一部を見せ，誰であるか児童に質問する。(10分)

歴史上の人物，アニメキャラクター，芸能人などの写真やイラストの一部（目の部分や顔）を見せ，誰であるか，児童とやり取りします。

教師：（アンパンマンやスネ夫の目の部分を見せ）Look at these eyes. Who is this?

児童：I don't know.

2 ワークシートを見せ合いながら，Who is this? と尋ね歩く。(5分)

児童が用意してきたワークシートを用いて，児童が友達に尋ねます。

児童A：Who is this?

児童B：That's Mickey Mouse.

終わったら，ワークシートを集め，廊下に掲示するなど，共有をするとよいでしょう。「Who is this? コーナー」とタイトルをつけるのもよいでしょう。

【ワークシート】 Class (　　　　) Name (　　　　　　　　　)

このひと，だ〜〜れ？

☆写真や絵を使って，Who is this? クイズを作ってみましょう。

No. 1

No. 2

Chapter 2　楽しく理解が深まる！子供が熱中する展開の授業パーツ

㊿ 好きなもの　好きじゃないもの

> **4年**
> **LT2 Unit 1**
> **基本表現** I like carrots. / I don't like green peppers.
> **目標** 好きなものや好きじゃないものを伝え合う。
> **時間** 12分　**準備物** ワークシート

活動の概要

　本時の挨拶表現（Good morning. 等）を絡め，好きなもの，好きじゃないものを児童同士で伝え合う活動を行います。

活動の手順

1 ワークシートを配る。（1分）

2 果物，野菜，スポーツの絵を見ながら，英語で言う。（2分）
　教師：What's this?　**児童**：An apple.

3 教師の好きなものを1つ，好きじゃないものを1つ聞き取って書く。
（2分）

4 自分が好きなもの，好きじゃないものを1つずつ書く。（2分）
　ワークシートにのっていないものでも OK とします。

5 友達と好きなもの，好きじゃないものを伝え合う。（5分）
　1回目は隣のペア。2回目は前後のペア。3回目は自由に立って2人と行います。この時，最初に Good morning. How are you? の挨拶をしてから伝え合うことを約束（ルール）とし，行います。

【ワークシート】 Class (　　　) Name (　　　　　　　)

好きなもの　好きじゃないもの

☆友だちと，好きなもの，好きじゃないものを英語で伝え合いましょう。
☆最初に，Good morning.（午前），Good afternoon.（午後），How are you？のあいさつをしてから，伝え合いましょう。

【fruit】

【vegetable】

【sports】

名前	like	don't like
先生		
自分		
①		
②		
③		
④		

Chapter 2　楽しく理解が深まる！子供が熱中する展開の授業パーツ

㊽ 天気はどう？　何して遊ぶ？

> **4年**
> LT2 Unit 2
> ①
> **基本表現** How's the weather? / It's sunny.
> **目　標** 天気を尋ね合い，やりたいことを言う。
> **時　間** 12分　**準備物** 天気カード

活動の概要

天気カードが同じだったら，何をしようか伝え合います。

活動の手順

1 カードを1人1枚，配る。（2分）

2 天気を尋ね，どんな遊びをしたいか言う。（10分）
同じ天気の人を見つけたら，何をしようか誘い合います。
（挨拶が終わった後）
　児童A：Hello. How is the weather?
　児童B：It's sunny.（と言ってカードを見せる）
　児童A：Oh, it's sunny!（と言ってカードを見せる）
　　　　　Let's play dodgeball.
　児童B：Yes, let's./Sorry, I don't like dodgeball. Let's play soccer.

＜遊びの例＞

①サッカー（soccer）　②バスケット（basketball）　③なわとび（jump rope）
④鬼ごっこ（tag）⑤ドッヂボール（dodgeball）⑥トランプ（cards）
⑦あやとり（cat's cradle）⑧ドロけい（cops and robbers）
⑨雪合戦（a snowball fight）⑩雪だるまをつくる（make a snowman）

天気カード

Chapter 2　楽しく理解が深まる！子供が熱中する展開の授業パーツ

62 何曜日が好きなのかな？

> **4年**
> **LT1 Unit 3**
> **基本表現** What day do you like? / I like Friday.
> **目標** 好きな曜日を尋ねたり，答えたりする。
> **時間** 17分　**準備物** ワークシート

活動の概要

好きな曜日と理由を友達にインタビューします。

活動の手順

1 児童との Small Talk で，活動で使う表現に慣れ親しんでおく。(5分)

教師：What day do you like, Taku?
たく：I like Fridays.
教師：Why?
たく：…夕食を食べに行く。
教師：Oh, I go to a restaurant.
たく：I go to a restaurant.
教師：What do you like, Miki?
みき：I like Sundays.

2 ワークシートを配る。(2分)

3 好きな曜日と理由を伝え合う。(10分)

最初に定型の挨拶を行った後，好きな曜日と理由を尋ね合います。聞き取った情報は，ワークシートに書いておきます。

【ワークシート】　Class（　　　　）　Name（　　　　　　　　　）

何曜日が好きなのかな？

☆友達に好きな曜日をたずねましょう。その後，なぜ好きなのかも聞き，下の表にメモしておきましょう。

	好きな曜日	理由
先生		
自分		
①		
②		
③		
④		

☆言いたかったけど言えなかった表現はありましたか？

（　　　　　　　　　　　　　　　　　　　　　　　　　　　）

＜ヒント＞

clean my room

go swimming

watch TV

play the piano

play baseball

go shopping

Chapter 2　楽しく理解が深まる！子供が熱中する展開の授業パーツ

㊻ 何時に起きるの？

> **4年**
> **LT1 Unit 4**
> ①
> **基本表現** What time is your Wake-up Time? / It's 6 a.m.
> **目標** 1日の日課を尋ねたり，答えたりする。
> **時間** 25分　**準備物** ワークシート

活動の概要

曜日と理由を友達にインタビューします。

活動の手順

1 児童との Small Talk で，活動で使う表現に慣れ親しんでおく。(7分)
　　教師：What time is your Wake-up Time, Ayumi?
　　あゆみ：It's 6:30.
　　教師：What time is your Breakfast Time, Kenji?…

2 ワークシートを配る。(1分)

3 教師の日課を児童に尋ねさせる。(5分)
　　教師：先生に朝起きる時間を尋ねてみましょう。
　　児童：What time is your Wake-up Time?
　　教師：It's 5 a.m.

4 自分の日課を書く。(2分)

5 友達3人と伝え合う。(10分)

[ワークシート]　Class（　　）Name（　　　　　　）

What time is your Wake-up Time?　〜朝は何時におきるの？〜

☆友達の家での生活をインタビューしましょう！

	1	2	3	4	5	6
	Wake-up Time	Breakfast Time	Bath Time	Dinner Time	Study Time	Bed Time
先生						
自分						
①						
②						
③						

Chapter 2　楽しく理解が深まる！子供が熱中する展開の授業パーツ

㉞ 児童熱中！　動物ゲーム！

> **4年**
> **LT2 Unit 5**
> ②
> **基本表現** Do you have ～? / Yes, I do. / No, I don't.
> **目　標** Do you have の質問や答え方に慣れる。
> **時　間** 12分　**準備物** 動物カード

活動の概要

　相手の飼っている動物を当てたら，そのカードがもらえるという児童が熱中して取り組むゲームです。ゲーム後，「カードに書いてある数字は，カードの得点です」と言うと，児童は，「もう1回やろう！」と言ってきます。

活動の手順

1 カードを1人5枚ずつ配る。（3分）

2 やり方を説明する。（2分）
　教師：カードは友達には見せてはいけません。
　　　　今，持っているカードは，みんなが家で飼っている動物だとします。
　　　　（児童：え～～～。）
　教師：今から友達とジャンケンします。ジャンケンに勝った人は，Do you have を使って，相手の飼っている動物を当てます。3回だけ質問できます。当たったら，カードがもらえます。

3 近くの児童と一度やってみて，やり方を見せる。（2分）

4 ゲームを始める。（5分）

動物カード

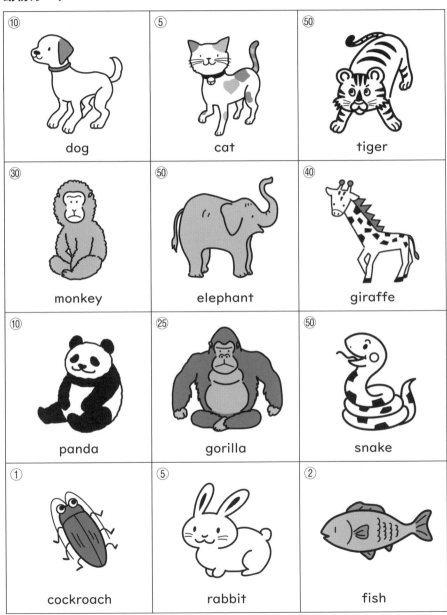

Chapter 2 楽しく理解が深まる！子供が熱中する展開の授業パーツ

㉕ What do you want?

4年 LT2 Unit 7	基本表現	What do you want? / I want tomatoes.
	目標	何が欲しいか友達に尋ねたり，答えたりする。
	時間	9分　　準備物　ワークシート

活動の概要

　What do you want? が使われる場面として，ドリンクバーから，友達に飲み物を持ってくる場面を想定します。

活動の手順

1 ワークシートを配る。(1分)

2 教師の欲しい飲み物を児童に尋ねさせる。(1分)
　教師：先生が欲しいものを尋ねてみましょう。
　児童：What do you want?
　教師：I want coffee... and apple juice.

3 自分の欲しいものを書く。(2分)

4 友達3人と伝え合う。(5分)
　1回目は隣のペア。2回目は前後のペア。3回目は自由に立って2人と行います。
　出会った時には，最初に挨拶を忘れないように指示しておきます。

【ワークシート】 Class (　　　　) Name (　　　　　　　　)

どんな飲み物が，人気があるのかな？

☆友達のために，ドリンクバーから飲み物を持ってきてあげましょう。
　どんな飲み物が欲しいか，英語で聞きましょう。

Hot 温かい飲み物	Cold 冷たい飲み物	Cold 冷たい飲み物
Oolong Tea（ウーロン茶）	Coca Cola（コカ・コーラ）	Calpis（カルピス）
Coffee（コーヒー）	Coca Cola Zero（コカ・コーラ　ゼロ）	Calpis Soda（カルピスソーダ）
Green Tea（緑茶）	Fanta Lemon（ファンタレモン）	Orange Juice（オレンジジュース）
Cocoa（ココア）	Fanta Grape（ファンタグレープ）	Apple Juice（アップルジュース）
Tea（紅茶）	Fanta Orange（ファンタオレンジ）	Oolong Tea（ウーロン茶）

だれが	何を飲む？
先生	
自分	
①	
②	
③	
④	

㊻ あなたのお気に入りは？

4年 LT2 Unit 8 ①	基本表現	What is your favorite fruit?
	目標	一番のお気に入りについて尋ねたり，答えたりする。
	時間	20分　準備物　ワークシート

活動の概要

What... do you like? の質問には，児童は慣れ親しみ，定着し始めている頃かと思います。今回は，「好きなものの中で一番好きなものは？」という練習を行います。「曜日」や「天気」も復習を兼ねて取り上げるようにしました。

活動の手順

1 児童との Small Talk で，活動で使う表現に慣れ親しんでおく。（7分）
　教師：What is your favorite fruit, Mako?
　まこ：My favorite fruit is apples.
　教師：What is your favorite sports, Ken?
　けん：My favorite sports is baseball.

2 ワークシートを配る。（1分）

3 教師のお気に入りを児童に尋ねさせる。（2分）

4 自分のお気に入りを書く。（2分）

5 友達に尋ねる。（8分）

[ワークシート] Class (　　) Name (　　　　　　　　)

What is your favorite fruit?　～あなたのお気に入りの果物は？～

	Fruit	Sport	Vegetable	Day	Weather
先生					
自分					
①					
②					
③					

Chapter 2 楽しく理解が深まる！子供が熱中する展開の授業パーツ

㊻ 学校案内

> **4年**
> **LT2 Unit 8**
> ②
> **基本表現** Go straight. / Turn right. / Stop. / It's on your left.
> **目　標** 場所を英語で案内してみる。
> **時　間** 14分　　**準備物** 場所カード

活動の概要

学校内の部屋の場所を伝え合う表現を学びます。

活動の手順

１ 児童との Small Talk で，活動で使う表現に慣れ親しんでおく。（7分）
　教師：My favorite place. It's on the second floor.（指で示して）
　　　　Go straight.（廊下を指さして）
　　　　Turn right and go down to the second floor.（階段を降りるジェスチャー）Turn left. It's on the right.

２ 場所カードを1人1枚ずつ配る。（1分）

３ やり方を説明する。（1分）
　教師：今持っているカードは，みんなが好きな場所だとします。
　　　　今から，英語で，その場所案内に挑戦します。

４ ペアワークを行う。（5分）
　最初は，隣のペア。その後，前後ペア。自由に立って行わせます。
　児童：It's on the second floor.
　　　　Go straight. Turn left...

場所カード

Chapter 2 楽しく理解が深まる！子供が熱中する展開の授業パーツ

68 私の一日

4年
LT2 Unit 9
基本表現 I wake up at 6:00.
目標 家に帰ってから，寝るまでの行動を英語で発表することができる。
時間 20分　**準備物** ワークシート

活動の概要

4コマ漫画で自分の1日を描きます。その後，その漫画を見せながら自分の1日を発表します。絵を見て語るのでShow and Tellを形をとります。

活動の手順

1 ワークシートを配る。（1分）

2 4コマ漫画を作る。（12分）
　教師：家に帰ってから，寝るまでにすることを絵に描きましょう。
　　　　その後で友達への発表タイムをとります。
描けた児童とは，Small Talkをします。

　教師：What do you do?
　児童：I do my homework.
　　　　I have dinner at 6:00.
　　　　I watch TV.
　　　　I go to bed at 9:00.

3 発表する。（7分）
4人班で順番に立って発表させます。

【ワークシート】 Class (　　　　) Name (　　　　　　　　)

家に帰ってからねるまでの４コマまんが

Chapter 2　楽しく理解が深まる！子供が熱中する展開の授業パーツ

㊻ How do you spell your name?

| 5年 | 基本表現 How do you spell your name?
目　標 名前のスペリングを尋ねたり，答えたりできる。
時　間 17分　　準備物 ワークシート |

活動の概要

アルファベットに書き慣れ親しむことを含めて行います。

活動の手順

1 ワークシートを配る。（1分）

2 名前の書き方について気づかせる。（1分）
　教師：「Hello. I'm Doraemon.」（と黒板に書く）何か気づくかな？
　児童：最初に D が大文字になっている。

3 教師の名前のスペリングを児童に尋ねさせる。（2分）
　教師：じゃ，先生の名前をどう書くのか尋ねてみてください。
　児童：How do you spell your name?
　教師：H-i-r-o-t-o.

4 自分の名前を書く。（3分）

5 友達の名前の書き方を尋ねる。（10分）
　最初は隣のペア。次に前後のペア。自由に立って 2 人に尋ね合う活動とします。

【ワークシート】 Class (   ) Name (   )

How do you spell your name?

☆友達に手紙を書こうとしていますが、英語でどう書くかわかりません。
　どう書くのか聞いて、書いてみましょう。

名前	Name
例）ドラえもん	Doraemon
先生	
自分	
①	
②	
③	
④	

参考 アルファベット大文字・小文字

A B C D E F G H I J K L M N O P Q R S T U V W X Y Z
a b c d e f g h i j k l m n o p q r s t u v w x y z

Chapter 2 楽しく理解が深まる！子供が熱中する展開の授業パーツ

⑦⓪ 自己紹介に慣れ親しもう！

| 5年 | 基本表現 Hello. / My name is Manami. / M-a-n-a-m-i.
目標 30秒くらいで，簡単な自己紹介をすることができる。
時間 17分　準備物 ワークシート |

活動の概要

アルファベットに書き慣れ親しむことを含めて行います。

活動の手順

1 ワークシートを配る。（1分）

2 自己紹介の見本を見せる。（3分）
教師：先生が自己紹介しますので，聞き取ったことをメモしましょう。
　　　　Hello. My name is Hiroto. H-i-r-o-t-o. Hiroto.
　　　　I have 4 people in my family.
　　　　I have no pets.
　　　　My favorite food is curry and rice.
　　　　I like baseball.
　　　　I want a new jacket. Thank you.

3 自己紹介用に，自分の欄をメモする。（3分）

4 友達の自己紹介を聞いてメモする。（10分）
隣同士で机を向かい合わせ，自己紹介をし合います。

[ワークシート] Class (　) Name (　　　　　　　　　　)

自己紹介を聞いて、メモしよう

名前	家族	動物	食べもの	スポーツ	欲しい物
先生					
自分					
友達①					
友達②					
友達③					

友達の自己紹介を聞いて、感じたことを書きましょう。

(　　　　　　　　　　　　　　　　　　　　　　　　　)

Chapter 2　楽しく理解が深まる！子供が熱中する展開の授業パーツ

㊆ 誕生日はいつ？

5年	**基本表現** When is your birthday? / My birthday is January 19th. **目　標** 誕生日を伝え合うことができる。 **時　間** 20分　　**準備物** ワークシート，名簿

活動の概要

誕生日を知らない友達のところに行って，聞いていきます。

活動の手順

1 ワークシートを配る。（1分）

2 月の名前，日にちの言い方を練習する。（3分）

3 児童数名に誕生日を聞いてみる。（3分）
　教師：When is your birthday, Yoshiko?（よしこ：My birthday is May 3rd.）
　　　　何月何日だって？
　児童：5月3日。

4 名簿を配り，知ってる友達の誕生日を書く。（3分）
　教師：知っている友達の誕生日を書いていきましょう。（板書：11/6）

名簿には，教師の名前も入れておきます。

5 友達に誕生日を尋ねる。（10分）
　教師：誕生日を知らない友達のところに行き，誕生日を聞いてきましょう。

【ワークシート】 Class (　　　) Name (　　　　　　)

When is your birthday?

☆月の名前を覚えましょう。

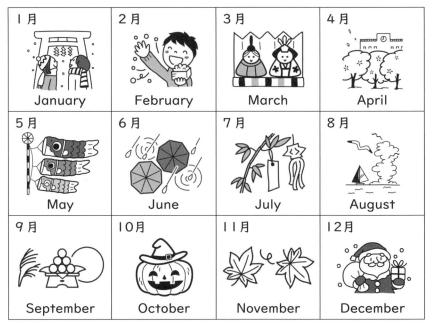

☆日にちの言い方を覚えましょう。

				1st	2nd	3rd
4th	5th	6th	7th	8th	9th	10th
11th	12th	13th	14th	15th	16th	17th
18th	19th	20th	21st	22nd	23rd	24th
25th	26th	27th	28th	29th	30th	31st

(72) 世界の色々な行事

5年
基本表現 When is this event? / It's in May.
目標 何月にどんな行事があるか言うことができる。
時間 12分　準備物 ワークシート，スライド

活動の概要

世界の行事について紹介し，その後，日本に目を移していきましょう。

活動の手順

1 ワークシートを配る。（2分）

2 スライドで，世界の行事を紹介した後，日本の行事を紹介していく。（10分）

Holy	This is an event in India, Holy. People say "Holy. Holy." and splash colorful water. People are all wet. When is this event? It's in March.
Songkran	This is an event in Thailand, Songkran. People splash water using water guns or buckets. People here are also all wet. When is this event? It's in April.
Tomatina	This is an event called, Tomatina. What is this red? It's "tomato". People throw tomatoes to people for one hour. It's a big festival in Spain. When is this? It's in August.
Khom loi	This is an event called, Khom loi in Thailand. They are really beautiful. They are sky lanterns. People float them at a night sky. When is this event? It's in November.

【ワークシート】 Class (　　　　) Name (　　　　　　　　　)

When is this event?

海外編

Event （行事）	What （どんな）	Where （どこ）	When （いつ）
Holy ホーリー	「ホーリー！　ホーリー！」と言いながら，色のついたこなや色水をまき散らすお祭り。		
Songkran ソンクラーン	水鉄砲（みずてっぽう）やバケツを持って，水をかけ合うお祭り。みんなびしょびしょになります。		
Tomatina トマティーナ	世界中から集まった数万人が1時間の間，必死にトマトを投げ合うお祭り。		
Khom loi コムローイ	収穫への感謝と仏陀（ぶっだ）に願いを込め熱気球をあげる。映画『塔の上のラプンツェル』のモデル。		

日本編　【日本3大曳山（ひきやま＝山車を引く）祭り】

Event	Where	When
① Gion Festival （祇園まつり）		
② Takayama Festival （高山祭り）		
③ Chichibu Festival （秩父夜祭り）		

Chapter 2　楽しく理解が深まる！子供が熱中する展開の授業パーツ

73　あなたの特別な日はいつ？

> **5年**
> **基本表現** When is your special day? / I have five special days.
> **目　標** 特別な日を伝え合うことができる。
> **時　間** 18分　**準備物** ワークシート

活動の概要

人にはそれぞれ特別な日があります。児童の特別な日はいつでしょうか？

活動の手順

1 教師の特別な日を，絵を見せながら，Small Talk する。（4分）

　教師：I have many, many special days.
　　　　 First, my special day is a Wedding Day. It's May 5th.
　　　　 Second, my second special days are my daughters' birthdays.
　　　　 They are July 21st and November 6th.
　　　　 Third, it's my birthday. January 19th.
　　　　 When is your special day?

2 ワークシートを配る。（1分）

3 特別な日の絵をワークシートに描く。（5分）

4 友達と「特別な日」を伝え合う。（8分）

　最初は，隣のペア。次に前後のペア。その後，自由に立って，友達と特別な日を紹介し合います。

【ワークシート】　Class (　　　　) 　Name (　　　　　　　　)

When is your special day?

☆あなたの特別な日は，いつですか？　特別な日の絵を描いてみましょう。２つ以上ある場合は，たくさん描いてもいいです。

友達の特別な日を聞いての感想を書きましょう。

Chapter 2 楽しく理解が深まる！子供が熱中する展開の授業パーツ

㊼ あなたは何才ですか？

5年	**基本表現** How old are you? / I'm eleven years old.	
	目　標 年齢を尋ねたり，答えたりすることができる。	
	時　間 13分　**準備物** 数字カード（1人1枚）	

活動の概要

年齢を尋ねたり，答えたりすることに慣れ親しむゲームです。

活動の手順

1 数字を復習する。（8分）

時刻の言い方で60までやっているので，復習をかね，100までの数字を練習しておきます。13と30の発音の違い等に気づかせます。

(板書)

1	2	3	4	5	6	7	8	9	10
11	12	13	14	15	16	17	18	19	20
21	22	23	24	25	……	……	……	……	30
									40
									50
									60
									70
									80
									90
									100

2 カードを1人1枚配り，やり方を説明したのち，活動する。（5分）

教師：今，配るカードは誰にも見せてはいけません。
　　　　カードに書いてある数字はみんなの年齢です。自分と年齢が近い人を
　　　　How old are you? を使って，探しましょう。

数字カード

22	12	10
58	27	5
100	80	16
3	2	55
20	99	11
35	15	7

(75) これがあなたの理想の時間割だ！！

5年	基本表現	What subject do you like? / I like P.E. and English.
	目　標	好きな教科を尋ねたり，答えたりすることができる。
	時　間	12分　　準備物　教科カード（1人5枚分）

活動の概要

教科カードを集めて，理想の時間割をつくり，発表し合います。

活動の手順

1 カードを1人5枚ずつ配る。（2分）

2 理想の時間割ゲームをする。（10分）

友達とジャンケンし，負けた人は，相手に What subject do you like? と聞きます。

勝った人は，自分の好きな教科を3つ言います。

負けた人は，言われた教科のカードを持っていたら，相手にあげます。

児童A：What subject do you like?

児童B：I like English, P.E. and math.

児童A：（英語と数学，社会，体育，音楽のカードを持っている。）
You like English, P.E. and math. Here you are.

児童B：Thank you. Here you are. Science, music and Japanese.

ジャンケンに勝った人は，もらった数だけ相手にあまり好きでない教科をあげます。

その後，手元に残っているカードで理想の時間割をつくります。

教科カード

Chapter 2　楽しく理解が深まる！子供が熱中する展開の授業パーツ

㊻ これが私の一日

| 5年 | **基本表現** What time do you get up? / I get up at six.
目　標 自分の1日を発表することができる。
時　間 40分　　**準備物** ワークシート |

活動の概要

1日の行動を書き出し，自分の生活を見直すいいきっかけになる活動です。

活動の手順

1 ワークシートを配る。(1分)

2 朝一番早く起きる人を探す。(10分)

最初に Small Talk をしてから，活動に持っていきます。

　　教師：What time do you usually get up, Ken?
　　けん：I usually get up at 6:00. What time do you get up?
　　教師：I always get up at 4:30.（他，10名程の児童を行う）
　　　　　　では，男子，女子，それぞれで，一番早く起きる人を探しましょう。この人，早いかな？と思ったらメモしておきましょう。

3 夜一番遅く寝る人を探す。(5分)

4 朝起きてから，寝るまでの1日の行動を表に書く。(12分)

5 グループで発表する。(12分)

【ワークシート】 Class （　） Name （　　　　　　　　　　）

これが私のよくある日課！

☆男子の中で、一番早く起きる生徒を、一番くねる生徒を、英語を使って探しましょう。

<メモ>

Name		
Time		

☆女子の中で、一番早く起きる生徒を、一番くねる生徒を、英語を使って探しましょう。

<メモ>

Name		
Time		

☆「起きてからねるまで」のあなたの日課を書き、その後、英語で発表しましょう。

5:00 6:00 7:00 8:00 9:00 10:00 11:00 12:00 1:00 2:00 3:00 4:00 5:00 6:00 7:00 8:00 9:00 10:00 11:00

日課で使える表現

☐ get up（起きる）　☐ have breakfast（朝食を食べる）　☐ leave home（家を出る）　☐ go to school（学校に行く）
☐ study（勉強する）　☐ have lunch（昼食を食べる）　☐ go home（家に帰る）　☐ take a bath（お風呂に入る）
☐ do my homework（宿題をする）　☐ have dinner（夕食を食べる）　☐ go to bed（寝る）　☐ dream（夢を見る）
☐ その他（ play games / watch TV / read books / run / play sports）

(77) ○○は，～ができるよ！

5年	基本表現	I can play cup and ball. / My sister can play the piano.
	目　標	インタビューをして，聞いた情報を共有することができる。
	時　間	20分　　準備物 ワークシート

活動の概要

「先生は，ワークシートにある①～⑫ができる人を探しています。みんなの力を借りて，できる人を見つけて来てもらいたいんだ」と言って探す目的を伝えながら，活動に意味付けを行います。

活動の手順

1 ワークシートを配り，語彙と発音を確認する。（5分）

①～⑫までの単語をリピートさせ，発音を確認します。

2 Small Talk で，基本表現に慣れ親しむ。（5分）

最初，教師と児童で，Small Talk を行います。

教師：Can you play cup and ball?　（**児童**：No, I can't.）
教師：Can you play the piano?　（**児童**：No, I can't.）
教師：What can you do?　（**児童**：I can swim.）

２回 Can you～? で聞いて，２回とも No, I can't. の場合は，What can you do?（何ができるの？）と尋ねることにします。

3 インタビュー活動を行う。（10分）

誰が何をすることができるのか，番号脇に名前をメモしておきます。

【ワークシート】 Class (　　　　) Name (　　　　　　　　)

What can you do? 　－何ができますか？－

① play shogi	② swim	③ play soccer
④ play cup and ball	⑤ cook	⑥ run fast
⑦ ride a unicycle	⑧ play the piano	⑨ sing well
⑩ play the recorder	⑪ touch snakes	⑫ eat eggplants

☆誰が，何ができるか報告をお願いします！
　例）Makoto can eat eggplants.

Chapter 2 楽しく理解が深まる！子供が熱中する展開の授業パーツ

㊲ Where do you want to go?

5年	**基本表現** Where do you want to go? / I want to go to Italy.	
	目標 インタビューをして，聞いた情報を共有することができる。	
	時間 22分　**準備物** ワークシート	

活動の概要

選択肢の中から1つ選び，基本表現に慣れ親しませます。その後，本当はどこに行きたいのか，Small Talk に持っていきます。

活動の手順

1 ワークシートを配り，We are the same ゲームを行う。（7分）

教師が，Where do you want to go? と尋ね，児童は答えます。
ペアが同じものを選んだら We are the same. と言ってハイタッチします。

　教師：Tokyo, Osaka, Hokkaido, Okinawa. Where do you want to go?
　　　　　せーの。
　児童：I want to go to....（2人が同じだったら）We are the same.

どのくらい友達と気が合うか楽しみながら行います。

2 日本でどこに行きたいか尋ね合う。（5分）

ワークシートの中から，行きたいところを選び，伝え合います。

3 世界でどこに行きたいか尋ね合う。（5分）

4 Small Talk をする。（5分）

【ワークシート】 Class (　　　) Name (　　　　　　　)

Where do you want to go?　−どこ行きたい？−

In Japan

No.1

| Tokyo | Osaka | Hokkaido | Okinawa |

No.2

| Disneyland | Disney SEA | Tokyo Tower | Tokyo SkyTree |

In the World

No.1

| America | England | Australia | Italy |

No.2

| Korea | China | Singapore | India |

㉠ 道案内をしてみよう

5年
- **基本表現** Where is the station? / Go straight. / Turn right.
- **目　標** インタビューをして，聞いた情報を共有することができる。
- **時　間** 20分　**準備物** イラスト，ワークシート

活動の概要

簡単な表現を用いて，自分が行きたいところを道案内します。

活動の手順

1 イラストを使って，道案内の表現を確認する。（5分）

道案内で使われる表現を確認していきます。

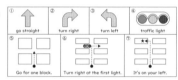

　教師：「まっすぐ行く」は？
　児童：Go straight.

2 ワークシートの地図で，教師が行きたいところを案内する。（5分）

　教師：先生が行きたいところを道案内しますので，辿っていってください。今，★のところにいます。
　　　　Go straight. Turn right at the first traffic light. It's on your right.
　児童：温泉！Hot spring.
　教師：Good. Next. Go straight. Turn left at the second light. It's on your right.

3 児童はペアになって，自分の行きたいところを案内する。（10分）

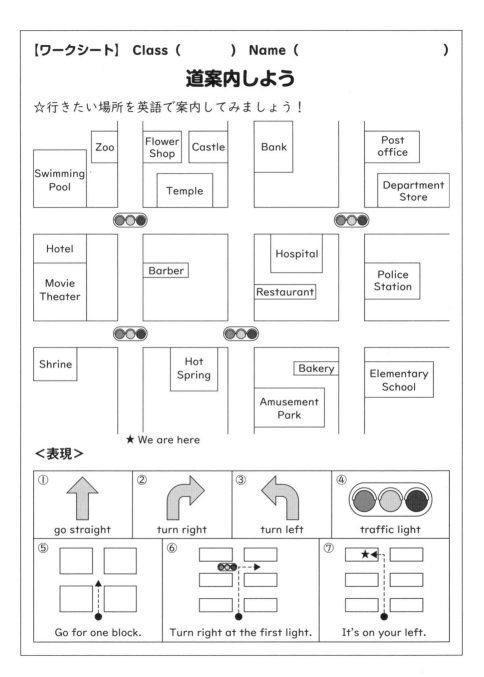

Chapter 2 楽しく理解が深まる！子供が熱中する展開の授業パーツ

⑧⓪ What would you like?

5年	基本表現 What would you like? / I'd like spaghetti.
	目　標 何が食べたいか伝え合うことができる。
	時　間 15分　　準 備 物 ワークシート

活動の概要

メニューを渡し，児童同士の Small Talk に取り組ませます。

活動の手順

1 ワークシートを配る。（1分）

2 児童に何が食べたいか Small Talk を行い，次の活動につなげる。（5分）
　教師：What would you like, Ken?
　けん：I'd like spaghetti.
　教師：Good. I like spaghetti too. What spaghetti is your favorite?
　けん：I like spaghetti Napolitana.
　教師：Yes! That's delicious. I like it too.

3 ペアで何が食べたいか，尋ね合う。（9分）
　机を向かい合わせ，児童同士の Small Talk を行います。
　ゆき：What would you like?
　たく：I'd like *sushi*.
　ゆき：Oh, what *sushi* do you like?
　たく：I like *maguro* and *ikura*.
　約1分後，席を1つ移動し，違う人と Small Talk します。

168

【ワークシート】 Class (　　　　) Name (　　　　　　　　)

What would you like?

sushi（$30）

curry and rice（$10）

omelet-rice（$12）

hamburger steak（$20）

Chinese Noodle（$8）

pizza（$15）

pork cutlet（$10）

fried rice（$7）

hamburger（$3）

cake（$2）

parfait（$5）

spaghetti（$12）

(81) ○○が得意です！

5年　**基本表現** I'm good at cooking. / Are you good at playing shogi?
目　標 得意なものを英語で伝えることができる。
時　間 15分　**準備物** ワークシート

活動の概要

カードゲームを通じ，基本表現に慣れ親しませましょう。

活動の手順

1 ワークシートを１枚ずつ配る。（１分）

2 ゲームのやり方を説明する。（５分）

（カードの見方）
○は，その人の得意なもの，×は，得意でないものです。
５人の中から１人選び，その人の名前を丸く囲みます。
（ゲームのやり方）
ジャンケンします。
ジャンケンに勝った人は，What are you good at? と質問します。
ジャンケンに負けた人は，得意なものを１つ言います。
ジャンケンに勝った人は，相手の返答を聞きながら，Are you good at singing? と１つだけ質問することができます。
相手の返答を聞いて，相手が誰か当てるゲームです。

3 ゲームを開始する。（９分）

[ワークシート] Class (　) Name (　　　　　)

英語ゲーム

I'm good at drawing pictures. − Are you good at cooking?

	drawing pictures	cooking	playing sports	swimming	playing shogi
Taku	○	×	○	×	○
Yuki	×	○	○	×	×
Ken	○	×	○	○	○
Mami	×	○	×	○	×
Hide	×	○	×	×	○

Chapter 2　楽しく理解が深まる！子供が熱中する展開の授業パーツ

82　自己紹介しよう

6年	基本表現	My name / I'm from / I like / I can / My birthday...
	目　標	既習表現を整理して，自己紹介をすることができる。
	時　間	25分　準備物　ワークシート

活動の概要

既習事項を繰り返し活用することで，定着につなげます。

活動の手順

1 既習事項を用いて，Small Talk をする。（5分）

　教師：What's your name?　　　　　　児童：My name is Yukio.
　教師：How do you spell your name?　　児童：Y-u-k-i-o. Yukio.
　教師：So, you're "Happy husband"?（幸夫）児童：Yes!
　教師：My name is Large man.（広人）

【Small Talk ネタ】① When is your birthday? ② Where are you from?
③ How old are you? ④ Do you like 〜? ⑤ How many... do you have?
⑥ What (food / sports / color / season) do you like?
⑦ What do you want? ⑧ What can you do? ⑨ Are you good at cooking?
⑩ Where do you live? ⑪ Where do you want to go? など。

---

2 ワークシートを配り，自己紹介シートに絵を描く。（10分）

3 グループで発表する。（10分）

[ワークシート] Class (　　) Name (　　　　　　　　　　)

This is Me!

① My name is...

② My birthday is...

③ I live in...

④ I like...

⑤ I want...

[似顔絵]

⑥ I can...

⑦ I'm good at...

⑧ I want to go to...

Chapter 2　楽しく理解が深まる！子供が熱中する展開の授業パーツ

㊻ 地域・日本を紹介！

6年
- **基本表現** In summer, we have a festival. / You can enjoy....
- **目標** 地域や日本を紹介をすることができる。
- **時間** 20分　**準備物** ワークシート

活動の概要

日本の良いところを外国人に伝える活動をします。

活動の手順

1 基本形を用いて，日本を紹介する。（5分）

教師：Hi. Do you like hot springs? I like hot springs very much.
　　　We have many hot springs in Japan.
　　　We can enjoy *Gamban-yoku*（岩盤浴）too.
　　　It's very hot and good. We can relax and sleep.
　　　My favorite hot spring is in Kusatsu. Why don't you try it?

(板書)

```
簡単な英語で，日本を紹介しよう！
　Hello. We have＿＿＿＿＿＿＿＿in Japan.
　We can enjoy＿＿＿＿＿＿＿＿.
　It's＿＿＿＿＿＿＿＿.
```

2 ワークシートを配り，紹介するものを決める。（☆1☆2）（5分）

3 簡単な英語で日本を紹介する。（10分）

【ワークシート】 Class (　　　) Name (　　　　　　　　)

ニッポンを英語で紹介！

☆1　日本を外国の人に紹介するとしたら，何を紹介したいですか。
　　　思いつくだけ書いてみましょう。

☆2　上の☆1で書いたものの中から，1つだけ選んで紹介するとしたら，あなたは何を紹介したいですか。

☆3　紹介したいものの絵を描いて，英語で紹介しましょう。

(84) 食べ物クイズを作ろう

6年
基本表現 This is *umeboshi*. / It's very sour.
目　標 食べ物の味を伝えながら，クイズを出し合うことができる。
時　間 30分　**準備物** 食べ物クイズ，ワークシート

活動の概要

クイズを出し合うことで，意味（メッセージ）の伝え合いを行います。

活動の手順

1 食べ物の味を表す表現を確認する。（5分）

教師：This is chocolate. What does it taste?　**児童**：Sweet!
教師：Yes, it's sweet. How about this?
（ピーマンを見せる）What does it taste?　**児童**：It's bitter!
教師：（梅干しを見せる）What does it taste?　**児童**：It's sour.
教師：（塩辛の写真を見せて）How about this?　**児童**：It's salty.

2 クイズを1問出す。（5分）

教師：I'll give you a food quiz. What's this? It's sweet and pink. It's a fruit.
児童：Peach!

3 ワークシートのクイズに答える。（10分）

クイズに答えながら，クイズの作り方を知る。

4 クイズを考え，ペアで問題を出し合う。（10分）

【ワークシート】 Class (　　　　) Name (　　　　　　　　　)

Let's make a food quiz! ～食べ物クイズをつくろう！～

☆1　クイズに答えましょう！

	Hint Quiz	Answer
No.1	It's a big fruit. It's red. It's sweet and juicy. We can enjoy it in summer.	
No.2	It's a Japanese food. It's very healthy. It is soft and white. We can enjoy it in *miso*-soup.	
No.3	It's a vegetable. It's bitter. It's long and white. We can enjoy it in *oden*.	

☆2　みんなも1つ，食べ物クイズを作ってみましょう。どんな味がしますか？

Chapter 2 楽しく理解が深まる！子供が熱中する展開の授業パーツ

⑧⑤ 私の町を紹介します！

6年	基本表現	We have a big park. / We don't have hot springs.
	目 標	町にあるものや欲しいものを伝えることができる。
	時 間	20分　準備物　ワークシート

活動の概要

町づくり教育の視点を入れ，町へ提案する内容と理想の町を考えさせます。

活動の手順

1 Small Talk する。（5分）

町の地図を黒板に貼り，児童に「町に何があるか」「町の有名なもの」「町に欲しいもの」等について質問します。

教師：What do you have in your town?
児童：We have a department store. / We have hot springs. / We have rivers.
教師：What is famous in your town?
児童：*Ukai*（鵜飼）is famous. / Gifu Castle（岐阜城）is famous.
教師：What do you want in your town?
児童：I want a movie theater. / I want an indoor swimming pool.

2 ワークシートを配る。（1分）

3 ☆1，☆2について絵を描く。（7分）

4 グループで順番に発表する。（7分）

[ワークシート] Class (　　) Name (　　　　　　)

私の理想の町づくり ～あなたのアイデアを役所に提案しよう～

☆1　町にあるものを絵で描きましょう。

現在の町

☆2　こうだったらいいなという理想の町を描きましょう

未来の理想の町

Chapter 2 楽しく理解が深まる！子供が熱中する展開の授業パーツ

㊙ My Summer Vacation

6年
- **基本表現** What did you do during the summer vacation?
- **目標** 夏休みのことを伝え合うことができる。
- **時間** 30分　**準備物** ワークシート

活動の概要

人は内容がなければ話ができません。絵を描くことで内容を持たせます。

活動の手順

1 Small Talk する。（10分）

教師：Where did you go during the summer vacation?
児童：I went to the river.
教師：What did you enjoy?
児童：I enjoyed camping.
教師：What did you eat?
児童：I ate curry and rice.
教師：What did you see?
児童：I saw beautiful stars.

2 ワークシートを配り，夏休みの思い出の絵を描く。（10分）

3 グループで発表する。（10分）

4人組グループにします。発表者は，立って発表します。絵を見せながら行わせるとよいでしょう。

【ワークシート】 Class (   ) Name (   )

My Summer Vacation!

☆1　夏休みの出来事を思い出して，絵を描いてみましょう。

行ったところ	見たもの
食べたもの	楽しんだこと

☆2　最後に，感想をひとこと言いましょう。
　　It was… (exciting　　beautiful　　nice　　good　　fun).

㊇ 何をするか決めましょう！

6年	**基本表現** It's sunny. / What do you want to do?
	目標 自分がやりたいことを英語で伝え合うことができる。
	時間 15分　**準備物** ワークシート

活動の概要

児童同士の Small Talk で，何をやりたいかのやり取りをさせていきます。

活動の手順

1 教師と児童との Small Talk をする。(5分)

教師：You are at home. It's Sunday morning. Look outside. It's sunny. What do you want to do, Maki?
まき：I want to go to the park.
教師：What do you want to do in the park?
まき：I want to play dodgeball.

雨の日，雪の日，曇りの日などでも同様に，児童に投げかけていきます。

2 ワークシートを配る。(1分)

3 ペアを変えながら，児童同士の Small Talk を4〜5回行う。(9分)

児童1：Hello. It's rainy. What do you want to do?
児童2：I want to clean my room. What do you want to do?
児童1：I want to go to the shopping mall store. Let's go to AEON.
児童2：That's a good idea.

【ワークシート】 Class (　　　　) Name (　　　　　　　　　)

今日は日曜日。外は晴天！　君は何したい？

☆天気を1つ選び，その天気の場合に何をしたいかたずね合い，2人で
　行うプランを考えましょう。

Chapter 2 楽しく理解が深まる！子供が熱中する展開の授業パーツ

⑧⑧ My Best Memory

> **6年**
> **基本表現** What's your best memory? / It's my school trip.
> **目　標** 学校生活の思い出を英語で伝え合うことができる。
> **時　間** 30分　　**準備物** ワークシート

活動の概要

最初にモデル文を読み，その後，思い出を絵に描き，発表します。

活動の手順

1 教師と児童との Small Talk をする。（5分）

教師：What's your best memory?

児童：My best memory is sports day.

教師：Why?　**児童**：Our class won the relay. It was exciting.

話題例

―――――――――――――――――――――――――
＜Sports Day＞ I joined 100 meter race. I won 1st place.
＜School Trip＞ We went to…. We saw…. It was (big / beautiful / nice).
　　　　　　　　We ate…. It was delicious. We played cards. It was fun.
＜Swim meet＞ I joined 100 meter for (free style / breaststroke).
　　　　　　　　Our school got 2nd place. We had fun.
―――――――――――――――――――――――――

2 ワークシートを配る。（1分）

3 Hiro（ヒロ）と，Maki（まき）の思い出を読む。（4分）

4 思い出の絵を描き，グループで発表する。（20分）

【ワークシート】　Class (　　　　)　Name (　　　　　　　　　)

My Best Memory －私の思い出－

☆1　Hiro（ヒロ）と，Maki（まき）の思い出を読んでみましょう。

Hello, I'm Hiro. My best memory is my sports day. I joined 100m relay. Our team got 1st place. I was very happy. It was exciting.

Hello, I'm Maki. My best memory is my school trip. We went to Kamakura. I saw a *Daibutsu*. It was big. We ate *sukiyaki*. It was delicious. I enjoyed *kaizoku-sen*（海賊船）in Lake Ashinoko.

☆2　学校生活の思い出のベスト1はなんですか？　その場面を絵に表し，発表しましょう。

(89) 将来の夢は？

6年
基本表現 What do you want to be? / I want to be a doctor.
目　標 将来の夢を伝え合うことができる。
時　間 20分　**準備物** ワークシート

活動の概要

将来の夢をペアで尋ね合い，児童同士の Small Talk へ持っていきます。

活動の手順

1 Small Talk する。（5分）

教師：What do you want to be?　**児童**：I want to be a vet.
教師：Why?　**児童**：I like animals.
教師：Do you have pets?　**児童**：Yes. I have dogs.
教師：How many dogs do you have?　**児童**：I have two dogs.
教師：What is your favorite animal?　**児童**：Dogs.

2 ワークシートを配る。（1分）

3 Yoshi（よし）と，China（ちな）の将来の夢を読む。（4分）
<内容>　よし…保育園の先生になりたい。子供が好き。
ちな…漫画家になりたい。絵を描くことが好き。

4 ペアで将来の夢について，Small Talk する。（10分）

【ワークシート】 Class (　　　　) Name (　　　　　　　　　)

将来の夢について語ろう

☆1　Yoshi（よし）と，China（ちな）の将来の夢を読んでみましょう。

Hello, I'm Yoshi. I want to be a nursery school teacher. I like children.

Hello, I'm China. I want to be a cartoonist. I like drawing pictures.

☆2　友達はどんな仕事に就きたいと思っていますか？

doctor	singer	nurse	flight attendant
teacher	engineer	programmer	scientist
hair stylist	comedian	actor/actress	pilot
lawyer	cook	driver	athlete

⑨⓪ 中学校での夢を語ろう！

6年
- **基本表現** What do you want to do? / I want to join soccer club.
- **目標** 中学校で頑張りたいことを伝え合うことができる。
- **時間** 20分
- **準備物** ワークシート

活動の概要

中学校生活について，友達と夢を語り合わせましょう。

活動の手順

1 Small Talk する。（5分）

　教師：Do you know? How many club activities are in Ogano J.H.S.?
　児童：Ten?
　教師：Baseball, volleyball, basketball, tennis, softball, soccer, ...
　　　　What club do you want to join, Aki?
　あき：I want to join the volleyball club.
　教師：What event do you want to enjoy, Makoto?
　まこと：I want to enjoy school trip.

2 ワークシートを配る。（1分）

3 自分が頑張りたいこと，楽しみたいことを考える。（☆1）（4分）

　できるだけ児童に文字を読ませるが，必要に応じ，読み上げながら，該当するところに印を記入するようにします。

4 中学校での部活，楽しみたい行事について友達とやり取りする。（☆2）。（10分）

【ワークシート】 Class (　　　　) Name (　　　　　　　)

中学校生活への期待度は？

☆1　次の中で，あなたが中学校に入って楽しみたいと思うことは何ですか。次の印で，書いてみましょう。

印　◎（とても楽しむ）　○（楽しむ）　△（ふつう）　×（楽しまない）

	項目	印
①	I want to join club activities.	
②	I want to make many friends.	
③	I enjoy school trip.	
④	I study English hard.	
⑤	I play sports.	
⑥	I enjoy school lunch.	
⑦	I enjoy sports day	

☆2　友達にインタビューしてみましょう。

No. 1　What club do you want to join?

あなた	
①	
②	
③	

No. 2　What event do you want to enjoy?

あなた	
①	
②	
③	

Chapter 3 文字指導が楽しくできる！アルファベット導入の活動パーツ

91 アルファベット大文字の導入

3年
- **基本表現** アルファベット
- **目標** アルファベットの大文字の発音の仕方がわかる。
- **時間** 5分
- **準備物** A・C・F・Lのアルファベットカード

活動の概要

　文字学習の中心は，小学校5・6年生です。では，文字指導はそれまでやらないかというと，『Let's Try! 1』の「Unit 6」のように，アルファベットの大文字が出てきます。ここでは，「音」と「形」を扱い，極めて重要な「文字指導」であると考えます。
　そうなのです！　実は文字指導は小学校3年生から始まっているのです。
　ここでは，日常的な常識をくつがえすような導入で，アルファベットの正しい発音に気づかせるようにします。ALT（外国人教師）とともにティームティーチングで行います。JTE（日本人教師）が発音するアルファベットがだんだんと修正されていくスキットです。

活動の手順

■ **スキットで導入する。（5分）**
　事前にALTと数回練習した後に，教室で行います。
　教卓はどかして，真ん中を空けておきます。
　JTEとALTが教室の両側から走ってきて，中央で児童の方を向き，第一声を放ちます。
　次のようなスキットです。

JTE	：タッキーと
ALT	：ジャクソンの
JTE&ALT	：ショートスキット！
ALT	：Do you know ABC?
JTE	：Yes! I'm an ABC man.
ALT	：OK. Mr. ABC man. What's this?（アルファベットのAを見せる）
JTE	：It's... エー.
ALT	：エー？ This is not an エー。It's... / ei /.
JTE	：エー。エー。
ALT	：No.No.No. It's... / ei /.
JTE	：/ ei /.
ALT	：Yes! / ei /
JTE	：/ ei /
ALT	：Good.
JTE	：I'm an ABC man.
ALT	：How about this? What's this?（と言って，Cを見せる）以下，略

　その後の展開はおわかりでしょう。Cは「シー」と発音してしまうが，本当は，/ si: /（「スィー」）となること。また，Fは，「エフ」と言い，下唇を上の歯に当てて発音するように修正される展開です。

Tips! 最初が肝心，発音指導

　スキット後には，OやG, H, K, M, N, R, V, Zなどを取り上げ，普段日本で言っている言い方と何か違うんだなということに気づかせていきます。特に，Rは，「アー」と言って舌をのどの奥の方にやったり，Vは，「ブイ」ではなく，下唇を上の歯に当てて，「ヴイー」と言ったり，Oは，「オー」ではなく，「オウ」と2重母音になる等，気づかせていきます。

Chapter3　文字指導が楽しくできる！アルファベット導入の活動パーツ

92 アルファベット小文字の導入

4年
- **基本表現** アルファベット
- **目標** アルファベットの小文字について理解する。
- **時間** 10分
- **準備物** ローマ字で書いた人物名クイズ

活動の概要

　日本語には，ひらがな，カタカナがあるように，アルファベットにも対になる文字があることに気づかせるところから学習が始まります。
　児童の興味・関心を引きだすために，日常，目にしているお店の「看板」を用いて，英語には小文字があるということに気づかせることも考えられます。
　ここでは，人物名を推測するクイズ方式で小文字に出合わせたりしながら，慣れ親しむ時間を確保するようにします。

活動の手順

■ 名前クイズで導入する。（10分）

　次のように名前の一部を隠し，誰であるか類推させます。

　　　T □ kiz □ w □

児童：何だ？
児童：わかった！
教師：わかったら，黙って手を挙げます。
教師：隠れている文字は何だろう？
児童：a。

隠れている文字を見せると,「あ〜〜〜」という声が聞こえます。

同様に,次を見せます。

H □ kk □ id □

教師：What are hidden words?（隠れている文字は何だろう？）
児童：a と o。
教師：Great! What's this?
児童：Hokkaido!

このように,人物名や地名などで行った後,次のように問いかけます。
　教師：人物名や地名を見て,何か気づくことない？

Takizawa　Hokkaido

当然,児童は,「最初の文字だけ大文字であとは小文字が使われている」と言ってきます。
　この点は,児童はローマ字学習で少しは触れている部分です。
　その後,ワークシートを配り,教師の名前（山崎）や地名（大阪）などで,慣れ親しませ,最後には,児童に問題を作らせるとよいでしょう。

【ワークシート】　Class（　　　）　Name（　　　　　　　）

アルファベットの小文字

☆何の文字がかくれているでしょうか。かくれている文字を書き入れてみましょう。

No.1　　Y □ m □ z □ ki

No.2　　□ sak □

Chapter3 文字指導が楽しくできる！アルファベット導入の活動パーツ

93 アルファベット小文字の成り立ち

4年
- **基本表現** アルファベット
- **目標** アルファベットの小文字について理解する。
- **時間** 10分
- **準備物** ワークシート

活動の概要

　漢字は平仮名を崩して作られ，カタカナは漢字の一部をとって作られました。小学校高学年になると国語の授業で学ぶかと思います。
　では，英語の小文字はどうやってできたのでしょうか。
　小文字を導入したら，どうやってできたのか語ってあげるといいでしょう。

活動の手順

■ アルファベットの小文字は大文字が変化してできたことを知る。(10分)

教師：Look at this. What's this?
　　　（と言って，アルファベットを見せる）

児童：A？

教師：What's this?（と言って，小文字 a を見せる）
　　　This letter has changed into ……

（と言って，パラパラめくる感じで文字の変化の様子を見せる。）

A → A → ɑ → ɑ → a

教師：小文字は大文字の一部が変化してできたんです。

【ワークシート】Class (　　　) Name (　　　　　　　　)

アルファベットの小文字はこんな風にできた！

☆1　アルファベットの小文字は，大文字の一部を変化させて，できました。どんな風に変わっていったのでしょう。

❶　一部が「消える」

H ⇨ ⊦| ⇨ □ ⇨ h

❷　一部が「くっつく」

E ⇨ ∈ ⇨ □ ⇨ e

❸　一部が「のびる」

D ⇨ ⌒ ⇨ □ ⇨ □ ⇨ d

☆2　次の文字は，どんな風に変化して小文字のアルファベットになったのでしょうか。想像して書いてみましょう。

❹　Q → □ → □ → q

❺　G → □ → □ → g

他にも考えてみましょう！

(　　　　　　　　　　　　　　　　　　　　)

Chapter3　文字指導が楽しくできる！アルファベット導入の活動パーツ

94 アルファベット大文字の成り立ち

4年
- 基本表現　アルファベット
- 目　標　アルファベットの大文字について理解する。
- 時　間　5分　　準備物　なし

活動の概要

　現在のアルファベットの大文字は，古代エジプト文字からできたと言われています。4年生で「小文字の成り立ち」をやると，児童の中には，「じゃ，先生。大文字はどうやってできたの？」と疑問に思う人も出てくるでしょう。そのタイミングを見て，こんな授業はどうでしょうか。

活動の手順

1 アルファベットはエジプトの象形文字からできたことを知る。（3分）
教師：What's this?（次の絵を見せていく。）

児童：Snake? Cow? Grass. Human.
教師：These are Egyptian letters.
　　　　昔のエジプト文字です。

教師：これらの絵は，アルファベットの大文字の原形なのです。
　　　（と言って，NAME であることを教える）

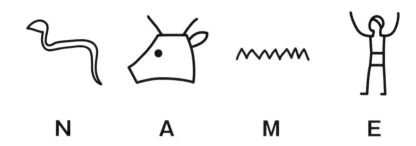

2 アルファベットのAの原形が変化していく様子を見せる。（2分）
　古代エジプト文字

＜参考文献＞
『文字の歴史―ヒエログリフから未来の「世界文字」まで』スティーヴン・ロジャー・フィッシャー著，鈴木晶訳，研究社，2005年
『小学校英語サポートBOOKS　絶対成功する！外国語活動・外国語5領域の言語活動＆ワークアイデアブック』瀧沢広人著，明治図書出版，2017年

Chapter3 文字指導が楽しくできる！アルファベット導入の活動パーツ

95 アルファベットカルタ

3年	**基本表現** アルファベット	
	目　標 アルファベットの音を聞き，文字を認識することができる。	
	時　間 20分　　**準備物** 大文字カード（p.205，ペアに１セット）	

活動の概要

　カルタは，①簡単にできる　②児童は英語を聞くだけなので，負担がない　③語彙や表現に慣れ親しむ　④楽しい　というような利点がたくさんある活動です。今回は，アルファベットの音を聞いて，文字との一致を図るねらいで行います。

活動の手順

1 ペアにする。（1分）
　隣の児童とペアになり，机を向かい合わせます。

2 カルタをペアに配る。（2分）
　ペアのうち1人がカードをとりに来るように指示します。
　次のようにすることもできます。
　　教師：Do janken. Loser, come here and pick karuta cards.

3 やり方を説明する。（2分）
　　教師：Spread the cards all over the desk.
　　　　　　We're going to play Karuta Game.
　　　　　　This is a simple game.
　　　　　　I'll call out alphabets, take the card.

4 カルタをする。（15分）

　　教師：O.K. The first alphabet is... S.
　児童は，Sのカードをとります。

　最初に読み上げるアルファベットは，聞き取りやすく，わかりやすい文字にします。決して，RやV（発音が日本語と異なる），GやZ，BやV，MやN（発音が似ている音）などは混乱しやすいので，後の方で読み上げるようにしましょう。

アルファベットカルタの読み上げ順（案）
①S　②H　③F　④E　⑤C　⑥A　⑦O　⑧Q　⑨X　⑩K
⑪J　⑫W　⑬Y　⑭U　⑮B　……

Tips!　**カルタをやりながら，ルールを付け足していく**

①やりながら次のようなルールを付け加えていきます。
・カードに手が重なったら，手が下にある人が勝ち。
・同時の場合は，ジャンケンで決める。
・（あまりにお手付きが多かったら）お手付きをしたら，相手に1枚あげる。
・手は頭の上に載せる。
・枚数が少なくなってきたら，ダミーの札を読み上げる。
　例）L, R, P, T, Z, が残っている時
　　　「S」等と，そこにない札を読み上げる。
②テンポよく読み上げながら，行うようにします。

【変化技】　いっぺんに3つのアルファベットを読み上げ，教師が「Go.」と言ったら，児童はとってもよいことにします。

Chapter3 文字指導が楽しくできる！アルファベット導入の活動パーツ

⑨⑥ アルファベット大文字・小文字ビンゴ

5年
- **基本表現** アルファベット
- **目標** アルファベットの大文字，小文字を書くことに慣れ親しむ。
- **時間** 20分　**準備物** ビンゴ用紙

活動の概要

　ビンゴを通じて児童は，①文字を書く　②アルファベットを聞いてどの文字か探す（聞く→理解）　③教師の後に繰り返すことで，音を発する（読む）という活動が，楽しくできるという利点があります。
　帯学習として，授業の開始時に継続して行うと，アルファベットを書くことに慣れ親しむでしょう。

活動の手順

1 ワークシートを配る。（1分）

2 ビンゴを埋める。（5分）
　アルファベットを25マスに書いていきます。アルファベットは26文字ありますので，1文字だけ書かないことになります。

3 ビンゴのやり方を説明する。（4分）
　教師：言われた文字を〇します。
　　　　縦，横，斜めに1列そろったら，ビンゴと言って，手を挙げます。最初にビンゴになった人には10点，次は9点…となります。
　　　　一度ビンゴになっても，続けてやっていき，またビンゴになったら，その時の得点がもらえます。

4 ビンゴを行う。(10分)
①ビンゴを開始します。
　　　教師：では，行きます。S。
　　　児童：Sを○する。
　　　教師：ちょうどいいので，繰り返しましょう。S。
　　　児童：S。
　　　教師：Next..., A.
　　　児童：（Aと言いながら，Aを○する）
②最初のビンゴが出ます。15個くらい読み上げていくと，ビンゴになる児童が出てきます。
　　　教師：P.
　　　児童：ビンゴ！
　　　教師：10points. 10点と近くにメモしておいてください。
　　　　　　その後も続けてやって，またビンゴになったら，手を挙げます。
③1点まで行ったらビンゴは終了となります。ビンゴになる児童が出る度に，1点ずつ減らしていきます。最後，1点になった段階で終了です。
　　　教師：得点を全部足してみてください。
　　　児童：（点数を合計する）
　　　教師：10点以上？
　　　児童：（手を挙げる）
④No Bingo の児童の得点を発表します。
　　　教師：ノービンゴの人？
　　　児童：（1名手を挙げる）
　　　教師：1つもビンゴにならなかった児童は，なかなかビンゴにならないというのは珍しく，却って難しいことなので，ノービンゴは20点です。
　　　児童：やったーーー。

【ワークシート】 Class (　　　　) Name (　　　　　　　　)

アルファベットビンゴ（大文字）

A B C D E F G H I J K L M N O P Q R S T U V W X Y Z

☆下の25マスに，大文字のアルファベット26文字の中から25文字を選んで，書き入れましょう。

ビンゴの得点　　　　　　　　　　　　　点

【ワークシート】 Class (　　　) Name (　　　　　　　　)

アルファベットビンゴ（小文字）

a b c d e f g h i j k l m n o p q r s t u v w x y z

☆下の25マスに，小文字のアルファベット26文字の中から25文字を選んで，書き入れましょう。

ビンゴの得点　　　　　　　　　　　　　　　　点

(97) アルファベット神経衰弱

4年

基本表現 アルファベット
目　標 アルファベットの大文字，小文字の組み合わせを理解する。
時　間 20分　**準備物** 大文字カード，小文字カード

活動の概要

大文字，小文字を学習した後の神経衰弱ゲームです。p と d，b と q，n と u 等は，逆さまになっても同じ文字になるので，文字に下線をつけておきます。大文字と小文字は色の違う画用紙に印刷します。

活動の手順

1 ４人組グループに１セット，カードを配る。（１分）

2 やり方を説明する。（２分）

カードを机の上に広げ，ジャンケンをします。

ジャンケンに一番負けた人から，カードを２枚引きます。

大文字カード（黄色），小文字カード（ピンク色）から，それぞれから１枚ずつとって，表にします。

大文字，小文字でセットになれば，そのカードがもらえます。

違う場合は，位置を変えずに，そのまま裏にします。

次に左隣の人が２枚引きます。

最終的に，一番多くカードをとった人が勝ちです。

3 ゲームを始める。（17分）

４人グループで行い，教師は，班を回りながら，活動の様子を観察します。

大文字カード

A	B	C	D	E	F	G
H	I	J	K	L	M	N
O	P	Q	R	S	T	U
V	W	X	Y	Z		

小文字カード

a	b	c	d	e	f	g
h	i	j	k	l	m	n
o	p	q	r	s	t	u
v	w	x	y	z		

Chapter3 文字指導が楽しくできる！アルファベット導入の活動パーツ

98 Who am I? スペリングクイズ

4年
- 基本表現 アルファベット
- 目標 アルファベットの大文字，小文字の組み合わせを理解する。
- 時間 20分　準備物 なし

活動の概要

スペリングを当てるゲームです。

活動の手順

1 Who am I? スペリングクイズを出す。(10分)

教師：Who am I Spelling quiz! No.1 I'm an animal.
No.2 I have 8 letters.（と言って，黒板に8個下線を引き，文字数を示す。）続けて，

教師：I have an "a" here.（と言って，a を見本として書いておく）

（板書）

No.1

＿ ＿ ＿ ＿ a ＿ ＿ ＿

教師：皆さんは，スペリングを当てていきます。
Do you have an "a"?（a という文字はありますか）と聞いていきます。

教師：質問したら1点。ずばり，下線にアルファベットが入ったら2点です。
男子：Do you have an "s"?
教師：No, I don't. One point for boys.（男子に1点）

黒板に得点をメモしておきます。

女子：Do you have an "e"?
教師：E??? Yes, I do. Here（と言ってeを書く）and here! Two points for girls.

2か所，文字が入ったので，女子は2点となります。

(板書)

```
No.1

e __  e __ __ a __ __              Boys  Girls
                                    一    T
```

答えは，elephant（象）になります。
このように，Who am I? クイズを，スペリングクイズにもっていくとよいでしょう。
文字に慣れ親しませることができます。

2 児童同士で，スペリングクイズを出す。(10分)

慣れてきたら，児童同士でやるといいでしょう。
その時は，英単語のスペリング一覧があるといいでしょう。

Chapter3　文字指導が楽しくできる！アルファベット導入の活動パーツ

㊾ 大文字の仲間分け

3年	基本表現	アルファベット
	目　　標	アルファベットの大文字の「音」や「形」に注目する。
	時　　間	10分　　準備物　ワークシート

活動の概要

　英語の文字の「形」と「音」に注意を向けることは，文字を書いたり，覚えたりする時に，効果的です。まずは，アルファベットの音と形に目を向けさせ，文字の特徴を押さえましょう。

活動の手順

1 ワークシートを配る。(1分)

2 大文字を同じ種類で仲間分けをします。(9分)
　　教師：今から，大文字の仲間分けをします。
　　　　　1つ例をあげますね。先生は，こんな仲間にしてみました。
　　　　　どんな仲間に分けたのでしょうか。(と言って板書する)

(板書)

```
A E F H I K L M N T V W X Y Z
```

　　教師：答えは，「直線でできているアルファベット」です。

【ワークシート】 Class （　　　） Name （　　　　　　　）

アルファベット大文字の仲間分け

A B C D E F G H I J K L M N O P Q R S T U V W X Y Z

☆アルファベットを仲間分けしましょう。どんなふうに分けられますか。
　たくさんのアイデアを書きましょう。

No. 1 〔　　　　　　　　　〕　　No. 2 〔　　　　　　　　　　　〕

No. 3 〔　　　　　　　　　〕　　No. 4 〔　　　　　　　　　　　〕

☆友達と考えたことを発表し合いましょう。

Chapter3　文字指導が楽しくできる！アルファベット導入の活動パーツ

⑩ 小文字の仲間分け

> **4年**
> **基本表現** アルファベット
> **目　標** アルファベットの小文字の「音」や「形」に注目する。
> **時　間** 10分　　**準備物** ワークシート

活動の概要

アルファベットの大文字で行った「仲間分け」を小文字でもやりましょう。仲間分けすることで，文字の形に注意を向けることができます。

活動の手順

1 ワークシートを配る。(1分)

2 小文字を同じ種類で仲間分けをします。(9分)
　教師：前に，大文字でもやったけど，小文字の仲間分けをします。
　　　　1つ例をあげると，どんな仲間に分けたのでしょうか。(と言って板書する)

(板書)

```
a  c  e  m  n  o  r  s  u  v  w  x  z
```

　教師：答えは，「4線の真ん中の2本の線の中に納まる文字」(1階建て)です。

【ワークシート】 Class (　　　　) Name (　　　　　　　)

アルファベット小文字の仲間分け

a b c d e f g h i j k l m n o p q r s t u v w x y z

☆アルファベットを仲間分けしましょう。どんなふうに分けられますか。
　たくさんのアイデアを書きましょう。

No. 1 〔　　　　　　　　　〕　　No. 2 〔　　　　　　　　　〕

No. 3 〔　　　　　　　　　〕　　No. 4 〔　　　　　　　　　〕

【著者紹介】
瀧沢　広人（たきざわ　ひろと）
　1966年東京都東大和市に生まれる。埼玉大学教育学部小学校教員養成課程卒業後，埼玉県公立中学校，ベトナム日本人学校，公立小学校，教育委員会，中学校の教頭職を経て，現在，岐阜大学教育学部准教授として小学校英語教育の研究を行う。
　主な著書は，『小学校英語サポートBOOKS　絶対成功する！外国語活動・外国語５領域の言語活動＆ワークアイデアブック』，『小学校英語サポートBOOKS Small Talk で英語表現が身につく！小学生のためのすらすら英会話』（以上　明治図書）他多数。

［本文イラスト］木村美穂

小学校英語サポートBOOKS
導入・展開でクラスが熱中する！
小学校英語の授業パーツ100

2019年2月初版第1刷刊	ⓒ著　者	瀧　沢　広　人
2020年7月初版第3刷刊	発行者	藤　原　光　政
	発行所	明治図書出版株式会社

http://www.meijitosho.co.jp
（企画）木山麻衣子（校正）吉田　茜
〒114-0023　東京都北区滝野川7-46-1
振替00160-5-151318　電話03(5907)6702
ご注文窓口　電話03(5907)6668

＊検印省略　　　　組版所　株式会社木元省美堂

本書の無断コピーは，著作権・出版権にふれます。ご注意ください。
教材部分は，学校の授業過程での使用に限り，複製することができます。

Printed in Japan　　ISBN978-4-18-345724-0
もれなくクーポンがもらえる！読者アンケートはこちらから